株・日経225先物・FX……
すべての答えは
チャートにある!

年数千万稼ぐトレーダーを目指す人のための
15日間トレーニングブック

ついてる仙人[著]

アールズ出版

はじめに

「パンドラの箱」って知っていますか？

ギリシャ神話に次のような話があります。

ゼウスはすべての悪を封入した箱を、地上最初の女性パンドラに送り、決して開けてはならないと命じます。パンドラが好奇心から地上で箱を開くと、あらゆる災いが外へ飛び出しました。しかし、彼女があわてて蓋をしたので「希望」だけが底に残ったのです。

あなたが手にしたこの本は「パンドラの箱」なのかもしれません。

なぜなら、この本を手にしなければ相場に参加することはないかもしれないからです。

相場というのは、あらゆる災いが詰まっている箱なのかもしれないのです。

相場をやって、長年働いて手に入れた退職金を1年ですべて失う人がいます。全財産を失う人がいます。家庭崩壊を経験する人がいます。

この本を読んで全財産を失う人がいるかもしれません。

でもその理由は、この本の上辺だけを読むからです。真剣に読んで理解して、それを元に自分自身で研究し、経験していくと、この本の最後に隠された希望という光が見つかることでしょう。

ぜひ、希望を見つけてください。そしてその希望はしっかりとあなたの中で育ち希望という光が現実に変わっていくことでしょう。

この本を見ている人は、相場で儲けたいと思っているでしょう。

相場で億のお金を手に入れたいという夢を持っている方が多いでしょう。

では、相場で本当に億のお金を稼ぐことができるのでしょうか。

その答えは「もちろん可能です」

でも、相場に参加した人全員が億のお金を稼ぐことはできません。

　億のお金を手にするのはごく一部の人だけなのです。

　その理由というのはなんなのでしょうか。

　それは本気でやったかどうかということに尽きます。

　相場を仕事として捉え、本気で相場を行った人だけが億のお金を手に入れることができるのです。

　相場って趣味でしょうか。ギャンブルでしょうか。仕事でしょうか。

　多くの人は相場を仕事としてではなく、趣味の延長として行っています。ハラハラ・ドキドキを楽しむギャンブルとしてやっている人もいます。

　いや、自分は仕事として相場に参加しているという方もいらっしゃるでしょう。

　では、ご自身の本業と相場を比べて、どちらのほうが真剣に取り組んでいるでしょうか。

　日本人の平均年収は2016年度で442万円でした。

　これは本業での収入ですね。本業で稼げるのは442万円です。生活のために真剣に行っている本業で稼げるのが平均442万円です。

　もっと稼ぎたいと考え起業する人もいます。定年を迎えてから自分でお店を立ち上げる人もいます。

　日本では毎年多くの人が起業します。

　しかし、その中で1年後に利益が出ている会社は10％〜20％と言われています。5年後に会社が残っているのはなんと全体の5％と言われています。

　95％の企業（お店）は倒産（廃業）するのです。

　相場に参加して1年後に残っているトレーダーは10％と言われています。

　ここで言う、生き残っているとは利益が出ているということです。

　90％のトレーダーは利益を出せずにいるのです。または相場の世界から退場していくのです。

　起業してなくなる会社の割合と相場から退場していく人の割合がほぼ同じというのも不思議ですよね。

起業も相場も同じ仕事として挑戦しているのですね。

　起業して失敗した経営者には共通点があります。

　それは、毎月の損益計算を把握していないということです。

　把握していないのではなく損益計算書を作っていないのですね。

　領収書は集めてあるけれど帳簿に打ち込むことなく置いてあるだけ。もしかすると自分の財布に1ヶ月以上入りっぱなしになっているかもしれません。

　売上伝票もしかりです。

　そして請求書の出し忘れをしていたり支払いの振込忘れをしていたりします。

　経営者として毎月の売上、経費を把握するということは当然のことなのですね。

　毎月の売上や経費がわからなくてはその先の方針を立てることなどできないのです。

　売上や経費を把握しないで業績を伸ばすことなんてほぼ不可能なのです。

　成功している企業の経営者は必ずと言っていいほど毎月の売上や経費を把握しています。

　トレーダーも同じです。

　成功しているトレーダーは毎月の自分の成績を把握しています。

　毎月の自分の投資成績がわからなければ自分の目標の達成度もわかりません。

　自分の勝率やPF（プロフィットファクター）がわからなければ、今やっている手法が正しいのかどうかの判断すらできないのです。

　損益計算書を付けなければ儲け続けることなんてできません。会社を継続することなんてできません。

　相場の損益計算書である売買記録を付けなければ相場で平均年収の442万円以上を稼ぐことなどできません。

　日本では年収1千万円を超える人は全体の5％程度です。億のお金を手に入れるためには、まずトップの5％以内に入らなければならないのです。

　そのためには本気で取り組む必要があります。

　本業で年収1千万円を超えている人は、真剣に仕事に打ち込んでいます。

　相場で年間1千万円以上稼ぐためにも真剣に相場と向き合う必要があるのです。

この本は相場の教科書です。

　教科書というのは、使い方によってはすごく役に立つことがあります。逆にまったく役に立たない場合もあります。教科書を役に立つようにするのは自分自身です。ぜひ、この本がぼろぼろになるまで何回も繰り返し読んでくださいね。そして年収1千万円の壁を超えてください。億のお金を手に入れてください。

　ただし、この教科書は上級者向けですので、相場の初心者の方が読んでも理解できないことが多くなると思います。初心者の方はこの本を読む前に相場の基本を勉強することをおすすめします。相場の原理原則を知った上でこの本を読んでいただくと、あなたの相場人生に対して役に立つ本になってきます。

　本書では私の売買譜を公開しています。

　トレーダーが自分の売買譜を公開するということはほとんどありません。しかし、売買譜があるとより理解が深まると思いますので公開することにしました。

　私がチャートを見て、どのように判断をし、どのような考え方をし、どのようなエントリーをしたのか。また、エントリー後の玉操作も詳しく書いています。

　どんな場面でどのような考えで玉操作をしたのかが書いてあります。

　この売買譜は相場塾会員さんに日々お送りするメールを元に書いていますので、相場の原理原則が理解できていないと、何が書いてあるのかわからないかもしれません。また、相場塾では3人の講師が交代で会員さんにメールを送っていますので、私の送ったメールを元に本書を執筆しているため日付が飛んでいることをご了承ください。

　本書を読む前に、『幸せなお金持ちになるための日経225先物　必勝トレード術』（アールズ出版）及び『日経225先物ストレスフリーデイトレ勝利の方程式改訂版』（アールズ出版）を読むことをおすすめします。この2冊は本書を読むための参考書になるものです。この2冊の内容を理解していないと本書を上辺だけで読むことになります。2冊は読み終わった後も手元において本書に書いてあることが理解できない場合は参考書としてご利用ください。本書内にも参考ページを記載してあります。

　本書は15通のメールを元に構成されています。

　1通の中身は次のような構成になっています。

【本日のコラム】
【本日の売買】
【明日のシナリオ】
【FXのシナリオ】

　1通の中で4つのPARTがあり、どれも読み応えのあるものになっています。

　本日のコラムだけを読んでいただいても、相場に役立つ内容が満載です。

　本日の売買及び、明日のシナリオは内容が非常に濃く、読むのに時間がかかると思いますが、じっくり嚙み砕きながら読んでいただけると嬉しいです。

　私は相場も人生も同じようなものだと考えています。人生がうまくいかないと相場もうまくいきません。人生が楽しくないと相場も楽しくありません。

　つまり、相場で楽しく利益を上げたければ、まずは人生を楽しくする方法を知ることが大切です。本書には相場で利益を上げる方法はもちろん、人生を楽しく楽に生きる方法も書いています。お金儲けだけを考えるのではなく人生そのものを楽しむ方法を知っていただけると嬉しいです。

　ぜひ一緒に幸せなお金持ちになりましょう。

　このページをめくっていただくとパンドラの箱の最後に残った希望への旅が始まります。

　では、希望の光の先にある、「幸せなお金持ち」に向けた15日間の旅を始めましょう。

株・日経225先物・FX……
すべての答えは
チャートにある!

目次

はじめに

Trade Training Day 1

【本日のコラム】…目先の利益を優先していないか……016
【本日の売買】…支持線が抵抗線に変わるのを見て売りエントリー……017
【明日のシナリオ】…ピーク確定後、本格的な下落開始か……027
【FXのシナリオ】…日足の調整に入る可能性も……031

Trade Training Day 2

【本日のコラム】…「無知な人」「怠慢な人」は利益を分配してくれるありがたい人
　　　　　　　　……036
【本日の売買】…シナリオにない展開で様子見……037
【明日のシナリオ】…一度、短期下落波動への転換か……041
【FXのシナリオ】…時間の調整から価格の調整へ移行するか……045

Trade Training Day 3

【本日のコラム】…相場業は、究極の個人事業……050
【本日の売買】…大きな武器「分割売買」が奏効……053
【明日のシナリオ】…上値が重く、価格の調整が必要か……058
【FXのシナリオ】…すべての時間足が上昇トレンドになっているが…　……062

Trade Training Day 4

【本日のコラム】…経験しても学ばない者は、退場する……066
【本日の売買】…玉操作が「損小利大」を可能にする……067
【明日のシナリオ】…相場の原理原則に決して逆らわない……075
【FXのシナリオ】…短い時間軸から長い時間軸に下落転換が移行しているということは… ……080

Trade Training Day 5

【本日のコラム】…「持たざるリスク」に惑わされない……084
【本日の売買】…絶対に逆らってはいけない動き……086
【明日のシナリオ】…上昇波動の日数が通常の2倍になっているが… ……090
【FXのシナリオ】…1時間足が上昇トレンドに転換したが… ……095

Trade Training Day 6

【本日のコラム】…相場で身動きが取れなくなったら、どうする?……100
【本日の売買】…否定の否定も想定してトレード……101
【明日のシナリオ】…通常、短期下落波動は10日前後続く……105
【FXのシナリオ】…スウィングなら買い、デイなら売り……109

Trade Training Day 7

【本日のコラム】…相場に嫌われる人の特徴……116
【本日の売買】…売り場を探していたら急落！……117
【明日のシナリオ】…5分軸から15分軸の調整への移行を想定……122
【FXのシナリオ】…上昇トレンドにおける調整の動き終了か……130

Trade Training Day 8

【本日のコラム】…自分の手法に自信がある人とない人の違い……136
【本日の売買】…売りエントリーの流れとタイミングに則って売買……137
【明日のシナリオ】…相場の基本、戻り売りを想定……145
【FXのシナリオ】…デイトレは、1時間軸の調整からの下落を売るパターンか……149

Trade Training Day 9

【本日のコラム】…ナンピンは、ミツバチの毒針と同じ……156
【本日の売買】…ギャップアップで、トレンドレスに転換……158
【明日のシナリオ】…ビッグイベントは予測不能。見ているだけか……161
【FXのシナリオ】…陰線を否定する陽線が出現。調整終了か……165

Trade Training Day 10

【本日のコラム】…テクニカルは相場のナビゲーションシステム……170
【本日の売買】…値幅、時間、移動平均線から反発ポイントを想定……171
【本日のコラム　その2】…なぜ、波動の統計を取るのか……177
【明日のシナリオ】…60分足上昇波動転換で、絶好の買い場か……181
【FXのシナリオ】…応用の売りを狙えるケースではあるが………186

Trade Training Day 11

【本日のコラム】…「単純思考力」と「多段思考力」……191
【本日の売買】…一気に抜けてもいいところを止められたということは………193
【明日のシナリオ】…ボックス圏だが、下有利か……197
【FXのシナリオ】…112.19-110.93どちらに抜けるか……203

Trade Training Day 12

【本日のコラム】…リスクリワードレシオを調べてみよう……208
【本日の売買】…一度ロスカットになるも、弱い動きを見て再チャレンジ……210
【明日のシナリオ】…アヤ戻しからの売り場探しも……215
【FXのシナリオ】…デイ、スウィングともに調整を待って売り……220

Trade Training Day 13

【本日のコラム】…「勝つこと、お金を失わないこと」が目的になっていないか……224
【本日の売買】…ギャップアップも、15分足の調整として対応……226
【明日のシナリオ】…3波動調整からの下落で売りのチャンスか……232
【FXのシナリオ】…4時間足はそろそろボトムか……237

Trade Training Day 14

【本日のコラム】…自分でコントロールできるものとできないものを知る……242
【本日の売買】…利食い後、調整から追加売り……244
【明日のシナリオ】…セリングクライマックスも想定……251
【FXのシナリオ】…4時間足ボトム確定で、トレンドレスへ……255

Trade Training Day 15

【本日のコラム】…利益を得るために必要なもの……265
【本日の売買】…抵抗帯、統計値を活用して3度売りエントリー……269
【明日のシナリオ】…下ヒゲの長い足型も、下有利か……274
【FXのシナリオ】…下有利なトレンドレスも、しっかりブレイクを待つ……277

終わりに

Trade Training Day 1

1日目（2016年12月5日）

【本日のコラム】…目先の利益を優先していないか

【本日の売買】…支持線が抵抗線に変わるのを見て売りエントリー

【明日のシナリオ】…ピーク確定後、本格的な下落開始か

【FXのシナリオ】…日足の調整に入る可能性も

【本日のコラム】…目先の利益を優先していないか

　相場の勉強を真剣に半年ほど続けていると、トレードというのは心理面の影響が大きいということが理解できるようになってきます。

　トレードでは同じ手法を使っていても、儲かる人と損する人がいるのです。

　その大きな原因はこの心理的要因なのですね。

　トレードに限らず、人生というのは心理的要因が大きく影響します。例えば、老後のために貯金をしなければいけないと思ったとします。そのためには計画的に資産形成をしなければなりません。安定した一定の収入がある人であれば、やり方さえ間違えなければしっかりとお金を貯めることができるはずです。それなのに多くの人はなかなか資産形成をすることができません。それはどうしてなのでしょうか。

　これには心理的な2つの要因があるのです。

　一つは「現在バイアス」と言います。

　これは、嫌なことや面倒だと思うことは先延ばしにしてしまおうと考える心理です。例えば、学生時代の夏休みの宿題を思い出してください。夏休みが始まってすぐは計画的にやろうと考えていますよね。家の人からは「早いうちにやっておいたほうが後々、楽になるよ」と言われたと思います。でも、夏休みが終わるギリギリまで宿題が残っていることが多かったと思うのです。

　私は、まさに終盤に追い込んでやるタイプでした。宿題って、子供にとっては嫌なものなのですよね。嫌なものは早くやるに越したことはないとわかっているのです。でも、友達と遊びに行くほうが楽しいので、遊びを優先しちゃうのです。楽なほう、楽しいほうを優先し、嫌なことを先延ばしにしてしまう心理、これを「現在バイアス」と言います。

　もう一つの心的な要因は「双曲割引」と呼ばれるものです。

　「双曲割引」というのは、現在バイアスとは違って、別に嫌なことを先延ば

ししようという気持ちがなくても、遠い将来に得られる利益の価値を大きく割り引いてしまう。つまり価値を低く見積もってしまうことを言います。これによって、人は普通、老後のための資金を貯めるよりも遊びや買い物にお金を使ってしまいがちになるのです。こちらも結果としては「現在バイアス」と同様に目先の利益を優先してしまいがちになります。

　トレード初心者はチャートを見ていると上がるか下がるかだけだし、底近くで買ってそのまま待っていれば上昇して利益になると考えます。

　また、相場というのはすぐに利益が得られるものと考え、遠い将来儲けたいとは考えません。

　今すぐ儲けたいと思うのです。1年で100万円を1億円にしたいと考えるのです。また、過去の検証をしたりバーチャルトレードをしたりして相場の勉強を地道に続けるよりも実際に売買をして勉強しながら儲けようとします。今、目の前にあるチャンスを逃したくないと考えるのです。

　基本ができていないのに実際に売買をするのは勉強ではないのです。単なるギャンブルをしているのと同じです。それなのに実売買をして「勉強した！」「高い授業料だったけど取り返してやる！」と言うのですね。これらのことが起きるのは「現在バイアス」「双曲割引」によるものです。

　このような心理状態が誰にも起こるということを知っていれば、しっかりと勉強をしてから実際の取引をしたほうがトータルで考えると得になるのだと理解できます。これを理解することにより、しっかりと相場の勉強を続けられるようになるのですね。

【本日の売買】…支持線が抵抗線に変わるのを見て売りエントリー

　それでは、12月5日の日経225先物の動きを見ていきましょう。
　12月2日金曜の日中引け時点のチャートをご覧ください（次ページ）。

(図1) 60分足チャート

※移動平均線は25本移動平均線と75本移動平均線を描画しています。
　オシレーターはRCI9本とRCI25本を描画しています。

(図2) 15分足チャート

※移動平均線は25本移動平均線と75本移動平均線を描画しています。
　オシレーターはRCI9本とRCI25本を描画しています。

(図3) ピーク・ボトム合成図

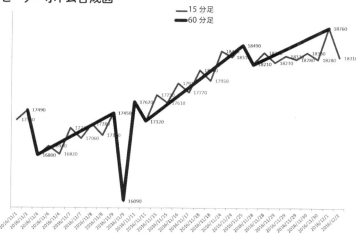

　細い線のジグザグが15分足のピークとボトムを繋いだラインです。太い線のジグザグは60分足のピークとボトムを繋いだラインです。このピーク・ボトム合成図を作成することにより、大きな流れ（60分足）の中における小さな流れ（15分足）がどうなっているのかを視覚で判断することができます。

　まずは、これらのチャート及び、ピーク・ボトム合成図を参考にしてトレンド判断をします。

　トレンド判断は、主に2つの方法があります。

　1つ目はピーク・ボトムによるトレンド判断です。

　2つ目は移動平均線（MA）と株価の関係によるトレンド判断です。

1. ピーク・ボトムによるトレンド判断

　ピーク・ボトムは次の定義により判断をします。
- ●高値切り上げ安値切り上げは、上昇トレンド
- ●高値切り下げ安値切り下げは、下降トレンド
- ●高値切り上げ、安値切り下げはトレンドレス
- ●高値切り下げ、安値切り上げもトレンドレス

※高値切り上げ…直近2つの高値を比較して前の高値よりも今の高値が高い場合

は切り上げとします。

　高値切り下げ…直近2つの高値を比較して前の高値よりも今の高値が安い場合
は切り下げとします。

※参考　上昇トレンド下降トレンドの定義については『幸せなお金持ちになるた
めの日経225先物　必勝トレード術』29ページから31ページをご覧ください。

　ピーク・ボトム判断の特徴は、なんといってもわかりやすいことです。

　そして価格の動きそのものですので、重要です。

　チャートを見るには順番というものがあります。重要なものから順番に見てい
きます。一番重要なのは価格そのものの動きですのでローソク足になります。
二番目に重要なのは移動平均線になります。三番目がオシレーターです。

※参考　チャートを見る順番については『幸せなお金持ちになるための日経225
先物　必勝トレード術』18ページをご覧ください。

　まずは60分のピーク・ボトムによるトレンド判断を見てみましょう（図1）。

　高値の推移は18490－18760となっていて直近の高値がその前の高値よりも
高いので切り上げです。安値の推移は17320－18210となっていて直近の安値
がその前の安値より高いので切り上げです。よって高値切り上げ、安値切り上
げの上昇トレンドとなります。

　次に15分のピーク・ボトムによるトレンド判断を見てみましょう（図2）。

　高値の推移は18380－18760となっていて直近の高値がその前の高値より高
いので切り上げです。安値の推移は18280－18310となっていて直近の安値が
その前の安値より高いので切り上げです。よって高値切り上げ、安値切り上げ
の上昇トレンドとなります。

※参考　高値及び安値の求め方については『幸せなお金持ちになるための日経
225先物　必勝トレード術』25ページから28ページをご覧ください。

2.移動平均線と株価との関係によるトレンド判断

　2つ目のトレンド判断である移動平均線と株価との関係による判断を見てみ

ましょう。判断の方法は現在の株価が75本移動平均線の上にあるのか下にあるのかで判断します。移動平均線というのは、その期間の平均値ですので75本移動平均線であれば直近75本の終値の平均値ということになります。

現在の株価が75本移動平均線より上の時は、その期間の買い方は、利益になっていて、売り方は、損失になっていることを表しています。つまり買い方が利益になっているということは、上への力が下への力よりも強いということになります。

よって株価が75本移動平均線よりも上にあるならば上有利ということになり、株価が75本移動平均線よりも下にあるならば下有利ということになります。

あとは、移動平均線の傾きを考慮して見ていきます。右肩上がりの移動平均線であれば上有利、右肩下がりの移動平均線であれば下有利、また移動平均線の傾きがきついほどトレンドが強いということになります。

※**参考　移動平均線と株価の関係におけるトレンド判断**については『幸せなお金持ちになるための日経225先物　必勝トレード術』32ページから34ページをご覧ください。

それでは60分足の移動平均線と株価との関係におけるトレンド判断を見てみましょう。

(図4) 60分足チャート

株価は75本移動平均線よりも上にあり上有利です。よって上昇トレンドと判断します。

次に15分足を見てみましょう。

（図5）15分足チャート

株価は75本移動平均線よりも下にあり下有利です。よって下降トレンドと判断します。ここまで見てきたことを元にして総合的にトレンド判断してみましょう。

60分足のトレンド判断

ピーク・ボトムによるトレンド判断は上昇トレンド。

株価と移動平均線との関係によるトレンド判断は上昇トレンド。

15分足のトレンド判断

ピーク・ボトムによるトレンド判断は上昇トレンド。

株価と移動平均線との関係によるトレンド判断は下降トレンド。

ここで日足チャートも見てみましょう（次ページ）。

日足は、直近ボトムから16日目になっています。また新高値の次に順下がりの陰線となっていて足型を見ると良くありません。そろそろ天井になる可能性が高くなってきています。現在のピークらしさは70％になっているので、スイングトレードをするのであれば売り方有利の局面です。

（図6）日足チャート

※**参考　ピークらしさボトムらしさの判断**については『日経225先物ストレスフリーデイトレ勝利の方程式　改訂版』106ページから108ページをご覧ください。

　60分足は上昇トレンドでありまだ崩れていません（調整継続中です）のでデイトレードでは買いをメインに考えていくことになります。11月28日の安値18210円を下割れすると「HL7」ではピーク確定。
※HL7とは、直近7本のローソク足の高値を上にブレイクすると上昇波動、直近7本のローソク足の安値を下にブレイクすると下落波動と判断する方法です。

　18210円を割れない限り買いをメインで考えます。ナイトセッションのチャートや60分足、15分足のピーク・ボトム合成図など勘案し支持帯で買うという方針で見ていくことになります。60分足の75本移動平均線は、18264円になっています。日足チャートを見るとピークらしさ70％と高くなってきているのでエントリーするのであればエントリー枚数は少な目にしたいと考えています。
　私はブログで毎朝、その日のトレードに関する考え方を書いています。この日の朝のブログでは次のように書いていました。
http://tuiterusennin.blog109.fc2.com/blog-entry-7946.html
---------抜粋ここから---

両方の足が上昇トレンドで揃ってはいるのですが株価と移動平均線との関係がさほど強くない動きになっています。そして今の為替の動きから考えると今日の日経平均はギャップダウンでの寄り付きになる可能性があります。

　ギャップダウンとなり、18310円を割り込むと15分足は上昇トレンドから下降トレンドに転換してきます。ここで下降トレンドに転換すると60分足を巻き込んだ下落になってきそうです。そうなると日足の下落転換も視野に入ってきます。

　両方の足が上昇トレンドなのですが買いづらくなりますね。買いづらいのですが、まずは買いをメインに考えていくことにしましょうか。18310円を割り込まずに上昇再開となる場面を買うという方針からのスタートとします。18310円を割り込むようであれば様子見とします。18210円を割り込む動きになるのであれば60分足の上昇トレンドが崩れ、長い時間軸を巻き込んだ下落になるので売りを考えていきます。今日はこんな感じで見ていくことにしましょうか。

--------- 抜粋ここまで --

　9：25のブログでは次のように書いています。

http://tuiterusennin.blog109.fc2.com/blog-entry-7947.html

--------- 抜粋ここから --

　18300円の寄り付きになったので、18310円を割り込んだということになります。18310円を割り込んだので様子見ということになるのですが、寄り付きで割り込んだ後はすぐに上昇しました。これはブレイク失敗の可能性があるということです。

　しかし、その後の上昇では大きな上昇にはならずに25本移動平均線さえも超えることができていません。この動きではブレイク失敗という判断もすることはできません。これは様子見にしておいたほうが良さそうですね。ここにきてもう一度18300円を試しています。このまま下になり、60分足75MAを割り込む動きになるのであれば売り場探しにしたいと思います。

--------- 抜粋ここまで --

　これらの判断を元に当日の売買を行います。

　では、実際の売買がどのようなものであったか見ていくことにしましょう。

　次のチャートをご覧ください。売買ポイントを●で表示しています。

（図7）

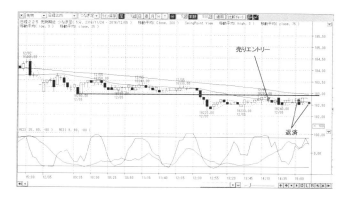

　18300円での寄り付きになりました。寄り付きからポイントである18310円を割り込みましたがすぐに上昇しましたので1ティックのみのブレイクということになります。1ティックだけのブレイクですとブレイク失敗の可能性が高くなります。ブレイク失敗であるならば大きな上昇になってこなければならないのです。

　しかし、5分足の75本移動平均線さえも上抜くことができずにうろうろしていましたので様子見としました。その後は60分足75本移動平均線を割り込み18220円まで付けた後は戻しに入りました。14時過ぎに18290円までの戻しになりました。この価格はそれまでの支持線でした。チャート上にラインを引いています。支持線を割り込んだことにより支持線が抵抗線に変わっているのですね。支持線と抵抗線の関係図は次のようになります。

　次の図をご覧ください。

（図8）

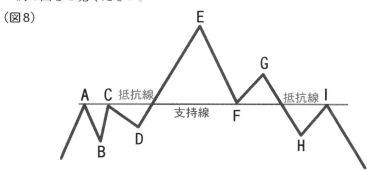

Aでピークを付けBまで下落しました。Aの高値は抵抗線になります。Cは
Aの抵抗で跳ね返され下落。DではBよりも高い価格でボトムを付けて反発し、
AおよびCの抵抗線を上抜きました。抵抗線を上抜いたことにより、これまで
抵抗として機能していたA及びCは抵抗線から支持線に変わります。

　Eでピークを出した後は深い押し目になりましたが支持線に変わったAおよ
びCの価格で下げ止まり反発。Gでピークを出してからFの支持線を割り込み
ます。Gからの下落はHまでとなりボトムを出して反発。この反発はHまで
の下落に対する調整（戻し）と考えられます。G－Hで支持線を割り込みまし
たので、これまでの支持線は抵抗線に変わります。Hからの上昇は抵抗線で止
められ反落し安値更新となっています。このように支持線と抵抗線は、株価と
の関係により変化していくのです。

※参考　支持線と抵抗線については『幸せなお金持ちになるための日経225先
物　必勝トレード術』50ページから54ページをご覧ください。

　今日の18290円はそれまで支持線でしたが18290円を割り込み18220円まで下
落したことにより支持線から抵抗線に変わっています。18290円で止められた
ので18270円で日経225先物miniを50枚売りました。ロスカット価格は18300
円に設定します。

　私は通常日経225先物mini100枚でのエントリーをしていますが、今回は半
分の50枚にしています。その理由は14時を過ぎていて大引けまでの時間が短
く、リスクを抑えたかったからです。そのため枚数は抑えて50枚としました。
18240円で1回目の利食いを待っていましたが届かず。

　1回の利食いもできないまま大引け15分前になったので15時過ぎに半分の
25枚をエントリー価格と同値の18270円で返済しました。これで残りの建玉は
25枚となります。大引け18260円で残り25枚も返済して終了としました。日
中にエントリーした玉をナイトセッションに持ち越す場合もありますが、今回
は株価の動きが下落の動きに繋がらなかったのでナイトセッションへの持ち越
しはせずに大引けで返済して終了としています。

【本日の結果】

18270円　mini50枚売り

18270円　25枚返済　＋−0円 × 25枚＝0円

18260円　25枚返済　＋10円 × 25枚＝＋25,000円

合計損益　＋25,000円

【明日のシナリオ】…ピーク確定後、本格的な下落開始か

　ザラ場が引けた後には翌日のシナリオを作成します。翌日はそのシナリオを元に売買を行います。どのようなシナリオを作るのかを見てみましょう。

　2016年12月5日の引け後の状況を見てみましょう。

　まずは引け後のチャートのトレンド判断から見ていきます。

　トレンド判断には次の2つがありました。

1. ピーク・ボトムによるトレンド判断

2. 株価と移動平均線との関係によるトレンド判断

それぞれのトレンド判断を見ていきます。

1. ピーク・ボトムによるトレンド判断

　高値切り上げ安値切り上げは上昇トレンドです。

　高値切り下げ安値切り下げは下降トレンドです。

　高値切り上げ安値切り下げ、または、高値切り下げ安値切り上げは、トレンドレスです。

　次ページのピーク・ボトム合成図をご覧ください。

(図9) ピーク・ボトム合成図

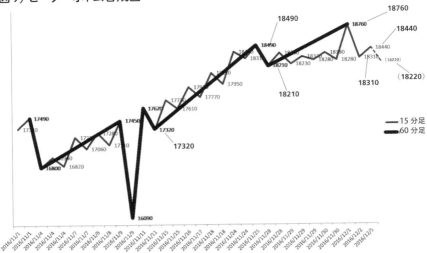

60分足の高値安値の推移は次のようになっています。
高値　18490 − 18760　と切り上げています。
安値　17320 − 18210　と切り上げています。
高値切り上げ、安値切り上げの上昇トレンド。
15分足の高値安値の推移は次のようになっています。
高値　18760 − 18440　と切り下げています。
安値　18310 − 18220（未確定）と切り下げています。
高値切り下げ、安値切り下げの下降トレンド。
※（未確定）というのは、現時点ではピークまたはボトムが確定していないが今後確定するピークが〇〇〇〇円以上になることが確定している、今後確定するボトムが〇〇〇〇円以下になることが確定している場合に表示しています。

2. 株価と移動平均線との関係によるトレンド判断

60分足をご覧ください。

（図10）60分足チャート

15分足をご覧ください。

（図11）15分足チャート

移動平均線との関係は、75本移動平均線より上か下で判断します。
60分足は株価と75本移動平均線がほぼ同じ価格にあるのでトレンドレス。
15分足は株価が75本移動平均線の下にあるので下有利であり下降トレンド。
これらを元に総合的にトレンドを判断してみましょう。

60分足のトレンド判断

　ピーク・ボトムによるトレンド判断は上昇トレンド。

　株価と移動平均線との関係によるトレンド判断はトレンドレス。

15分足のトレンド判断

　ピーク・ボトムによるトレンド判断は下降トレンド。

　株価と移動平均線との関係によるトレンド判断は下降トレンド。

　ここで日足も見てみましょう。

(図12) 日足チャート

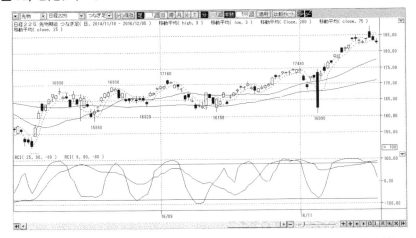

　12月1日から3連続陰線になっています。しかも順下がりの3連続陰線です。この動きであればまず間違いなくピークが確定して短期下落波動への転換になってくるでしょう。早ければ明日にもピーク確定となります。ここからはこの下落がどこまでの下落になるのかを考えていくことになります。18210円を割り込むと本格的な下落になってきそうですね。

　これらを踏まえて明日12月6日の方針を考えてみましょう。

●今日の終値よりもギャップアップで寄り付いた場合

　日足の下落転換の可能性が高いのでギャップアップになってもそのまま上に戻るよりも上値を抑えられる可能性が高いので様子見とします。

買いを考えるのは15分足直近高値である18440円を上回ってからにします。
●今日の終値近辺で寄り付いた場合

日足の下落転換の可能性が高くなっているので様子見からのスタートとします。18210円を割り込むようであればその後の戻しが弱いことを確認して売り場探しとします。
●今日の終値よりもギャップダウンで寄り付いた場合

日足の下落転換が明確になってくるでしょう。

60分足以下の足はすべて下を向くので売り場探しとします。

寄り付きから更に下という動きもあり得ますので、 寄り付きから上昇しないことを確認しての売り。

明日はこんな感じで見ていくことにします。

※**参考　シナリオ売買**については『幸せなお金持ちになるための日経225先物必勝トレード術』152ページから160ページをご覧ください。

【FXのシナリオ】…日足の調整に入る可能性も

私はFXのトレードも行っています。また相場塾会員さん向けのメールにはFXについての記述もありますので、それもご紹介します。

ここからはFXのチャートを見てみましょう。

日経225先物のチャートはマネックス証券のマネックストレーダーを使用していますがFXのチャートソフトはメタトレーダー4（MT4）を使用しています。

チャートはドル円チャートを見てみましょう。33ページに記載するチャートは12月5日16時30分頃のものになります。FXトレードでもトレードの考え方、トレンド判断は、日経225先物と同じように考えることができます。

日経225先物では、15分足チャート、60分足チャートを使用していますが、FXでは、1時間足チャート、4時間足チャートをメインにトレードしています。

日経225先物と同様にドル円のそれぞれのトレンド判断を見ていきます。

Trade Training Day 1 | 031

1. ピーク・ボトムによるトレンド判断

ピーク・ボトム合成図をご覧ください。

(図13) ピーク・ボトム合成図

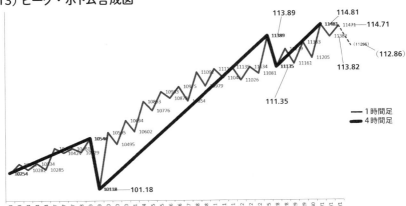

4時間足

　高値　113.89-114.81　/　安値　101.18-111.35

　高値切り上げ、安値切り上げの上昇トレンド。

1時間足

　高値　114.81-114.71　/　安値　113.82-112.86（未確定）

　高値切り下げ、安値切り下げの下落トレンド。

2. 価格と移動平均線との関係によるトレンド判断

4時間足チャートをご覧ください。

（図14）4時間足チャート

1時間足チャートをご覧ください。

（図15）1時間足チャート

4時間足では価格が75本移動平均線の上にあるので上有利であり上昇トレンド。1時間足では価格は75本移動平均線と同価格帯にあるのでトレンドレス。

これらを元に総合的に判断をしてみましょう。

4時間足のトレンド判断

ピーク・ボトムによるトレンド判断は上昇トレンド。価格と移動平均線との関係によるトレンド判断は上昇トレンド。

1時間足のトレンド判断

　ピーク・ボトムによるトレンド判断は下降トレンド。価格と移動平均線との関係によるトレンド判断はトレンドレス
　ここで日足も見ておきましょう。

（図16）日足チャート

　101.18円からの上昇一服という雰囲気になっています。
　101.18円からの上昇日数も統計値を超えてきていますし、上昇幅も統計値よりも大きくなってきていますので、これで日足の調整に入る可能性も出てきました。ただし、今日はここまで動きから見ると陽線になる可能性が高いので下落転換するとすれば明日以降になってきそうです。
　11月30日の陽線を否定するような下落になればほぼ間違いなく短期下落波動に転換してくるでしょう。1時間足は下降トレンドに転換し移動平均線の下限を割り込みましたが、その後は戻して75本移動平均線近辺までになっています。ここから反落すれば1時間足の下降トレンド継続となり4時間足の調整が継続しますので応用の売りを考えることができるチャートになります。
　スウィングで売るには値幅がありませんが、デイトレであれば応用の売りを考えても良さそうですね。スウィングの場合は4時間足75本移動平均線を割り込むまでは買いを考えていくことになりますのでしっかりと押し目を待ちたい場面です。

Trade Training Day 2
2日目（2016年12月6日）

【本日のコラム】…「無知な人」「怠慢な人」は
　　　　　　　　利益を分配してくれるありがたい人

【本日の売買】…シナリオにない展開で様子見

【明日のシナリオ】…一度、短期下落波動への転換か

【FXのシナリオ】…時間の調整から価格の調整へ移行するか

【本日のコラム】
…「無知な人」「怠慢な人」は利益を分配してくれるありがたい人

　多くの人は相場の世界に入ってくる時に、自分だけは儲けることができると信じています。相場は上に行くか下に行くかしかないのだから、悪くても勝率50％だと思うのです。そして、後からチャートを見ると安いところで買って、高くなれば売るだけだから簡単に儲かると思い込んでいるのです。

　しかし、実際に相場の世界に入って売買を行うとまったくと言っていいほど儲けることができません。儲けるどころか損失ばかりが増えていくのです。

　それはなぜか？

　よく考えればすぐにわかることなのです。私たちは相場の世界に入った当初は「無知」なのです。相場に関して知っていることはほとんどないのです。それなのにいかにも知っているような気になり、売買を繰り返してしまうのですね。相場無知とは、相場に必要な知識が著しく乏しいにもかかわらず、無謀にもプロがひしめく「相場」という真剣勝負の世界へ飛び込むことです。

　このような無知な人はネットの掲示板やSNSから何か良い情報を得て、多くの人が買っているから上がっているのだと思い、それに飛びつき、数時間から数日で大儲けすることが相場の王道だと思っています。相場で大儲けできることを前提にしているので、少しでも調整の動きになり押しが入るとオロオロしてしまい、どうしていいのかわからなくなります。まぐれで運良く利益を得ることができたとしても、そのやり方が正しいと思い込み次からも同じトレードを繰り返します。そして、相場中毒という病気になってしまうのです。

　相場を本気で勉強をしている人は、こんなトレードが王道ではないということを知っています。自分が本気で勉強をする前には「無知」であったことを自覚しているのです。つまり、自分が無知であるということを知っている時点で他の無知なトレーダーよりも一歩も二歩も有利な立場にいるのです。

　しかし、相場に必要な一通りの知識と、株価が動く原理原則を理解しても、儲け続けることはできません。原理原則を積極的に利用して利益に結びつける

ために必要な「強靭な精神力、そして忍耐力」が必要になるのです。

　自分の感情に振り回されていては勝つことはできません。感情に振り回されるとせっかく知識として蓄えた定石や原理原則を無視した我流での取引になってしまい、相場を続けていてもいつまでも上達することはできないのです。

　このような状態を「怠慢」と言います。つまり、相場の定石や原理原則を知ってはいるけれども、自己規律がなく、せっかくの知識を実行に移すことができずに、知識を無駄にして上達することを自ら放棄している状態だということです。だから「怠慢」と言うのです。

　怠慢な人が相場に参加する理由は、「ギャンブルのように手っ取り早く小遣い稼ぎができそう」「相場の動きを見ているとスリルを感じることができる」など、ギャンブル的要素を多く求めているのかもしれません。1回1回のトレードにおいて必ず勝つという気持ちで参加しています。自分が勝率100%を達成できると思い込みトレードを続けているのです。

　相場というのは、年間を通じてトータルの損益がプラスになればいいという考えを持つことができないのです。

　ここであげた、「無知な人」「怠慢な人」というのは、私たちのようなトレーダーにとっては利益を分配してくれるありがたい存在になってきます。このような人たちは相場をギャンブルとして楽しむという利益を得ていますのでそれはそれでいいのでしょうね。

　私たちは相場で資産運用をして自分の資金を増やすという楽しみを得続けていきたいですね。しっかりと相場の原理原則を身につけて自己規律を保ち、私たちと一緒に楽しい相場人生を送っていきましょう。

【本日の売買】…シナリオにない展開で様子見

　それでは、12月6日の日経225先物の動きを見ていきましょう。
　昨日の引け時点のチャートです（次ページ）。

Trade Training Day 2 　037

(図17) 60分足チャート

(図18) 15分足チャート

　12月5日に立てたシナリオは次のようなものでした。
---------抜粋ここから---
●今日の終値よりもギャップアップで寄り付いた場合
　日足の下落転換の可能性が高いのでギャップアップになってもそのまま上に戻るよりも上値を抑えられる可能性が高いので様子見とします。
　買いを考えるのは15分足直近高値である18440円を上回ってからにします。

（図19）ピーク・ボトム合成図

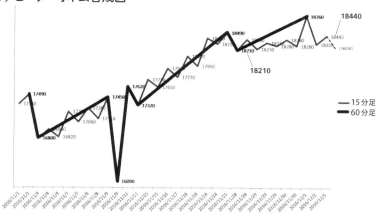

●今日の終値近辺で寄り付いた場合
　日足の下落転換の可能性が高くなっているので様子見からのスタートとします。18210円を割り込むようであればその後の戻しが弱いことを確認して売り場探しとします。
●今日の終値よりもギャップダウンで寄り付いた場合
　日足の下落転換が明確になってくるでしょう。60分足以下の足はすべて下を向くので売り場探しとします。寄り付きから更に下という動きもあり得ますので、寄り付きから上昇しないことを確認しての売り。
--------- 抜粋ここまで ---
　この日の朝の私のブログでは次のように書いています。
http://tuiterusennin.blog109.fc2.com/blog-entry-7949.html
--------- 抜粋ここから ---
　60分足は上昇トレンド、15分足は下降トレンドと逆の動きになっています。
　15分足は下降トレンドですが、18760円からの下降トレンドは60分足で見ると18210 − 18760のひとつの波動の中での動きです。この15分足の下降トレンドの動きは60分足で見ると単なる調整であると考えられます。
　18210円を割り込むような動きになれば60分足を巻き込んだ下落になってき

ますが、18210円よりも上で60分足のボトムが確定すると15分足の3波の調整からの再上昇という強い動きになってきます。

　今日はギャップアップでの寄り付きになってきますので早い時間帯に15分足のボトムが確定してくるでしょう。そして、その後60分足のボトムも確定する可能性が高そうです。寄り付きは18400円近辺になってきそうで、15分足の直近高値は18440円になっています。この18440円を上抜くと買える動きになりますね。まずは寄り付き後18440円を上抜くのを待ってからの買い場探しとします。18440円を上抜くまでは様子見ですね。

--------- 抜粋ここまで --

　60分足は上昇トレンドであり18760円からの調整の動きになっています。18210円を割り込むまでは60分足の調整と考えることができるので買いを考えていくことになります。前日は18220円まで下落していて、18210円の10円上です。ここから反発すると調整終了の可能性が高くなります。また18440円は15分足の直近高値ですから、ここを上に抜けると下降トレンドからトレンドレスに転換し、調整終了のサインとなります。

　寄り付きは18470円になりました。寄り付きからポイントである18440円を上回りましたので15分足は下降トレンドからトレンドレスに転換し、調整終了の可能性が高くなったので買いを考えていくことになります。しかし、寄り付き後は18500円を見ますがすぐに調整入りとなり、15分足では陰線が続きました。

　調整終了となったのであれば18470円で寄り付いた後18500円という価格で止まるのではなく、更に上への動きにならなければいけないのです。それが18500円で止まったというのは、調整終了ではなく調整継続の可能性があるということになります。よって、この場面では買うことはできません。

　9：45のブログでは次のように書いています。

http://tuiterusennin.blog109.fc2.com/blog-entry-7950.html

--------- 抜粋ここから --

　寄り付きからほぼ1時間が経過しました。寄り付き価格は18470円とギャップアップとなりました。寄り付き後の高値は18500円となっていて、その後は徐々に値を下げています。15分足を見ると今日はここまですべて陰線になっ

ています。この動きでは買うことはできませんね。上有利なチャートに変わり
はありませんので、しっかりと調整が終了する可能性が高くなるまで待つこと
にしましょうか。

---------抜粋ここまで--

15分足では6本連続で陰線となり7本目8本目で陽線になりましたが75MA
タッチ、5分足25MAタッチでとりあえず止まったという動きでした。15分足
75MAは下向きであり、強い支持線として機能はしませんので5分足25MAタッ
チで止まっただけという判断になります。

移動平均線は上向きの場合は支持線として機能する可能性が高くなります。
下向きの場合は支持線としての機能は低くなります。

寄り付きから15分足で6本も陰線が続くというのはギャップアップを否定
する動きになりますので様子を見ていました。11時過ぎにはもう一段下への
動きになったので、完全にギャップアップを否定したと考えられます。つまり、
調整終了ではなくもう一度調整の動きに戻ったと考えることができます。そう
なると、買いのシナリオで売買をするのですから買うことはできません。かと
言って、シナリオで売りはありませんので下がってきたからといって売ること
もありません。この動きでは見ているだけで売買をすることはないのですね。

よって、その後も見ているだけで終了となりました。

※MAとは、移動平均線のことです。

【本日の結果】

ノーエントリーのため＋−0円。

【明日のシナリオ】…一度、短期下落波動への転換か

12月6日の引け後の日中チャートの状況です。

それぞれのトレンド判断を見ていきます。

1. ピーク・ボトムによるトレンド判断

ピーク・ボトム合成図をご覧ください。

(図20) ピーク・ボトム合成図

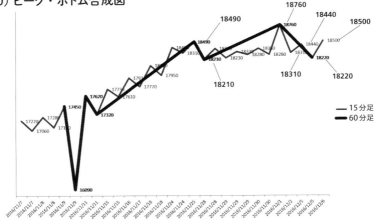

60分足
　高値　18490-18760　/　安値　18210-18220
　高値切り上げ、安値切り上げの上昇トレンド。
15分足
　高値　18440 – 18500　/　安値　18310 – 18220
　高値切り上げ、安値切り下げのトレンドレス。

2．株価と移動平均線との関係によるトレンド判断

　60分足チャートをご覧ください。

(図21) 60分足チャート

15分足チャートをご覧ください。

(図22) 15分足チャート

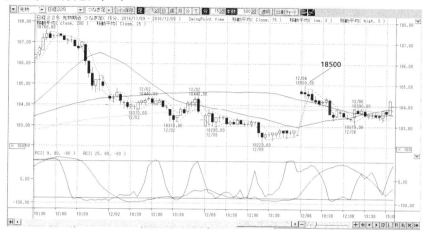

60分足は収斂した移動平均線と同価格帯にあるのでトレンドレス。

15分足も収斂した移動平均線と同価格帯にあるのでトレンドレス。

移動平均線の帯（25本移動平均線と75本移動平均線で挟まれた価格帯を帯と呼んでいます）は収斂と拡散を繰り返しながら進んでいきます。

※参考　移動平均線の収斂と拡散については『幸せなお金持ちになるための日経225先物　必勝トレード術』47ページから49ページをご覧ください。

総合的にトレンドを判断してみましょう。

60分足のトレンド判断

ピーク・ボトムによるトレンド判断は上昇トレンド。

移動平均線との関係によるトレンド判断はトレンドレス。

15分足のトレンド判断

ピーク・ボトムによるトレンド判断はトレンドレス。

移動平均線との関係によるトレンド判断はトレンドレス

ここで日足チャートも見てみましょう。

(図23）日足チャート

　12月1日から4連続陰線になっています。今日はギャップアップになり、ピーク確定にはなりませんでした。ピークとボトムは3日高値平均と3日安値平均で求めています。

　今日の動きでギャップアップの陽線という動きになれば3連続陰線を否定する動きになるので下への動きを否定することになりましたが寄り付きから上昇できずに陰線になったということは今日の動きでは上に戻ったとは言えません。このチャートには載っていませんが、ストキャスティクスの数値は％K55.6　％D63.9　S／D73.9となっていてアンチ売りのセットアップになっています。明日株価が下がるとアンチ売りのトリガーが引かれることになるので下落転換に繋がるでしょう。

※参考　ストキャアンチについては『日経225先物ストレスフリーデイトレ勝利の方程式　改訂版』138ページから145ページをご覧ください。

　私は明日以降にピーク確定となり、一度短期下落波動への転換になる可能性のほうが高いと考えています。ただし、今日上昇したので明日のピーク確定はないでしょう。

　ピーク確定は明後日以降になると思われます。

　これらを踏まえて明日の方針を考えてみましょう。

●今日の終値よりもギャップアップで寄り付いた場合

　今日の下落を否定することになり、長い時間軸で上への動きに戻ることになります。トレンド方向への動きに戻るということになります。

　18500円を超えるギャップアップになると15分足もボトム確定となりボトムが切り上がると同時にピークも切り上がり上昇トレンドに転換します。そうなると日足の調整は12月5日で終了となり上に戻ることになりそうです。買いを考えていけるチャートになりますので寄り付きから下がらないことを確認しての買いという方針を立てることができます。

　18500円よりも下での寄り付きであれば今日の値幅内での動きになりますのではっきりした動きにはなりませんから様子見からのスタートとし、18500円を超えるのを待ちます。

●今日の終値近辺で寄り付いた場合

　どちらかと言えば上有利ですが、15分足も60分足も株価は移動平均線の帯と同価格帯にあり紛れた動きになっていますので積極的に買いたいと思えるチャートではありませんので様子見からのスタートにしたいと思います。

　寄り付きから下がらずに推移し、その後上への動きになるのであれば15分足のボトムが確定しボトムが切り上がるので買いを考えていきます。今日と同じように寄り付きから下がるようであれば様子見。売りを考えるのは18210円を割り込んでからにします。

●今日の終値よりもギャップダウンで寄り付いた場合

　18210円を下回るような寄り付きになれば60分足は下降トレンドに転換します。また日足の調整継続となりますので売りを考えていきます。それより上の場合ははっきりした動きにならないので様子見とします。

　明日はこんな感じで見ていくことにします。

【FXのシナリオ】…時間の調整から価格の調整へ移行するか

　ここからはFXのチャートを見てみましょう。
　それぞれのトレンド判断を見ていきます。

1．ピーク・ボトムによるトレンド判断

ピーク・ボトム合成図をご覧ください。

（図24）ピーク・ボトム合成図

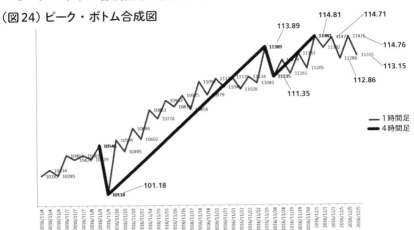

4時間足

　高値　113.89 － 114.81　／　安値　101.18 － 111.35

　高値切り上げ、安値切り上げの上昇トレンド。

1時間足

　高値　114.71 － 114.76　／　安値　112.86 － 113.15

　高値切り上げ、安値切り上げの上昇トレンド。

2．価格と移動平均線との関係によるトレンド判断

4時間足チャートをご覧ください（次ページ）。

1時間足チャートをご覧ください（次ページ）。

4時間足は75本移動平均線よりも為替価格が上にあるので上昇トレンド。

1時間足は為替価格と移動平均線が同価格帯にあるのでトレンドレス。

総合的に判断をしてみましょう。

4時間足のトレンド判断

　ピーク・ボトムによるトレンド判断は上昇トレンド。価格と移動平均線の関係によるトレンド判断は上昇トレンド

（図25）4時間足チャート

（図26）1時間足チャート

1時間足のトレンド判断

　ピーク・ボトムによるトレンド判断は下降トレンド。価格と移動平均線の関係によるトレンド判断はトレンドレス。

　日足も見ておきましょう。

(図27) 日足チャート

　昨日の値幅内での動きになっています。調整には価格の調整と時間の調整があります。現在の動きは上値が抑えられていて時間の調整に入っている状態です。
　ここからは時間の調整が継続するのか、価格の調整に移行するのかを見ていくことになります。
※参考　**時間の調整と価格の調整**については『幸せなお金持ちになるための日経225先物　必勝トレード術』66ページから69ページをご覧ください。

　昨日と同じで11月30日の陽線を否定するような下落になればほぼ間違いなく短期下落波動に転換してくるでしょう。昨日の1時間足は下降トレンドでしたが今日は上昇トレンドに転換しています。上昇トレンドと言っても、高値は5pipsだけのブレイクです。安値も29pipsの切り上げで強い上昇トレンドではなく、トレンドレスに近い上昇トレンドという動きです。
　ボックス圏での動きになってきていますので、ここからは基本様子見ということになりますね。はっきりした動きが出るまで待つことにします。わかりづらい動きの時に売買をしても利益になることは少なく苦労するだけです。

Trade Training Day 3

3日目（2016年12月7日）

【本日のコラム】…相場業は、究極の個人事業

【本日の売買】…大きな武器「分割売買」が奏効

【明日のシナリオ】…上値が重く、価格の調整が必要か

【FXのシナリオ】…すべての時間足が上昇トレンドになっているが…

【本日のコラム】…相場業は、究極の個人事業

　私はいつも相場を職業として考えて下さいとお伝えしています。私は相場というのは、究極の個人事業だと思っています。個人事業というと、ぱっと思い浮かぶのはラーメン屋さんなどの飲食業。雑貨屋さんなどの小売業。フランチャイズでできるクリーニング屋さん……こんな商売が浮かびます。私は相場業というのも個人事業だと思っています。ここで一般に言われる個人事業と相場業を比較してみましょう。

　小売業・飲食業……○で表示しています。
　相場業……◎で表示しています。
★事業計画について
○小売業や飲食業では今年度の目標や計画を立てて経営を行います。
◎相場業でも同じように目標や計画を立てて相場を行います。
★資金繰りについて
○小売業や飲食業では経営していくための資金繰りが必要になります。
◎相場業では、種銭が必要になります。
　種銭を切らさないようにするための資金繰りが必要になります。
★取扱商品について
○小売業や飲食業ではその商売によって商品が変わります。
　雑貨屋さんなら雑貨、ラーメン屋さんならラーメンが取扱商品です。
◎相場業は株式や為替が取扱商品になるだけです。
★会計業務について
○小売業や飲食業では企業決算や、確定申告が必要になります。
　日々の売上や経費を把握している必要があり、帳簿を付けます。
◎相場業でも同じように日々の損益を把握している必要があります。
　また、相場日誌や売買記録を付けます。
★技術について
○小売業や飲食業では他店に負けないための技術が必要になります。

ラーメン屋さんなら、常に美味しいラーメンを作るための研究が必要です。

　美容室などでは新しい技術を取り入れることも必要です。

　接客だって技術が必要です。ブスっとした店員のいる店で買い物をしたいと思いませんからね。

　常に勉強をしていかないと商売が停滞することになります。

◎相場業でも技術が必要です。

　研究も必要です。笑顔は必要ではないと思いがちです。

　しかし、笑顔も必要なんです。ブスっとしている時というのは精神的に安定していないことが多いのです。相場はそんな時には勝てないことが多いのです。

　ここまでは、一般の個人事業も相場業も同じようなものです。

　しかし、ここから先がまったく違ってくるのです。

★設備投資について

○ラーメン屋さんなどの飲食業であれば厨房設備や店内内装で1千万円から2千万円程度の設備投資が必要でしょう。

　どんな商売でも個人で行う場合、通常は千万単位の資金が必要になります。

◎相場業は、パソコンとネット環境だけあればいいのです。

　ちょっと高いパソコンを2台買ったとしても30万円から50万円程度で収まります。ネット環境だって、月々1万円程度ですね。

★資格について

○小売業や飲食業では資格や許可が必要になる場合が多くあります。

◎相場業では資格も学歴も許可も必要ありません。

　しいて言えば、証券会社に口座を開くための許可が必要になりますね。

★事業資金について

○小売業であれば、商品を仕入れるための資金が必要になります。

　飲食業でも食材を仕入れなければなりません。

　小売業であれば商品の仕入れが数百万円になるのは普通です。ちょっと高い商品を扱うのであれば数千万円の資金が必要になります。

Trade Training Day 3　051

そして、どちらの商売も支払いが先で売上が後になります。

　銀行などから融資を受けるのは、この事業資金（運転資金）が足りなくなるからです。

◎相場業では、少ない資金で始めることが可能です。

　FXであれば数万円もあれば1000通貨の取引を始めることが可能です。

　日経225先物でも、miniであれば10万円もあれば始めることが可能です。

　ただし、相場塾では数万円からのスタートは推奨していません。

　最低でも200万円程度の資金を用意していただくことをおすすめしています。

★仕入先について

○小売業では、いいものを安く仕入れることのできる仕入先を探さなければなりません。安く仕入れることができて、さらに安定して仕入れることができる仕入先が必要になります。

◎相場業では仕入先も株式市場、先物市場、為替市場です。

★販売先について

○小売業では販売先を見つける必要があります。

　お客さんを呼ぶための施策が必要になります。

　販売先開拓をしなければならないのです。

◎相場業では株式市場や先物市場、為替市場が販売先です。

　常に目の前に販売先があるのです。

★人件費について

○商売をやると最初はひとりでも行うことができますが、少し規模が大きくなると人を雇う必要性が出てきます。

　小売業をやっている場合では、一人でやっているとトイレに行く時間や食事をする時間にも制限が出てきます。このために人を雇うことが多くなるのです。人を雇うと最低でも月々数十万円の人件費が必要になります。

　今の日本は少子化が進んでいるので若い労働力は少なくなっています。

　若い人たちは大手企業で働きたいと考えるので小規模の商売をやっている会社にはなかなか就職しようとしません。

　そのためにリクルート費用というのもバカにならないのです。

052

◎相場業では人件費はゼロです。

★廃業について

○商売はうまくいかなければ撤退するという選択も必要になります。

　小売業や飲食業では撤退する（商売をやめる）のにも資金が必要になります。

　借りていた店舗は元通りに戻さなければなりません。

　従業員への保障もしなければなりません。

◎相場業ではいつでも決断した瞬間にやめることが可能です。

　全建玉決済ボタンを押した瞬間に廃業することができるのです。強制決済になった場合や追証がかかった場合にも廃業することは可能です（笑）

　いかがですか。こんなに有利な商売ってなかなかないと思いませんか。多くの条件が一般の個人事業と比較して敷居が低くなっているのです。商売という面ではリスクが低く参入しやすく撤退しすい最高の条件が揃っています。すごくやりやすい商売なのです。

　他の商売と同じように、その商売についてしっかりと勉強をし、研究を重ねていけば成功する可能性が非常に高くなります。こんなに有利な商売なのですから、しっかりと勉強をして最大限の成果を上げていきたいですね。決して相場業を廃業するなんてことにならないようにしてくださいね。

　相場業は究極の個人事業なのですから。

【本日の売買】…大きな武器「分割売買」が奏効

　それでは、12月7日の日経225先物の動きを見ていきましょう。

　まずは昨日の引け時点のチャートを見てみましょう。

　60分足をご覧ください（次ページ）。

　15分足をご覧ください（次ページ）。

　ピーク・ボトム合成図をご覧ください（055ページ）。

（図28）60分足チャート

（図29）15分足チャート

昨日は次のようなシナリオを立てていました。

---------抜粋ここから--

●今日の終値よりもギャップアップで寄り付いた場合

　今日の下落を否定することになり、長い時間軸で上への動きに戻ることになります。トレンド方向への動きに戻るということになります。

　18500円を超えるギャップアップになると15分足もボトム確定となりボトムが切り上がると同時にピークも切り上がり上昇トレンドに転換します。そうな

(図30) ピーク・ボトム合成図

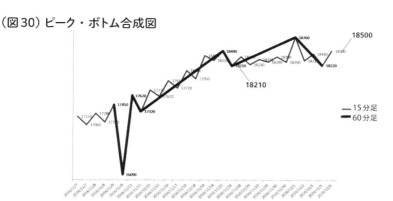

ると日足の調整は12月5日で終了となり上に戻ることになりそうです。買いを考えていけるチャートになりますので寄り付きから下がらないことを確認しての買いという方針を立てることができます。

18500円よりも下での寄り付きであれば今日の値幅内での動きになりますのではっきりした動きにはなりませんから様子見からのスタートとし、18500円を超えるのを待ちます。

●今日の終値近辺で寄り付いた場合

どちらかと言えば上有利ですが、15分足も60分足も株価は移動平均線の帯と同価格帯にあり紛れた動きになっていますので積極的に買いたいと思えるチャートではありませんので様子見からのスタートにしたいと思います。

寄り付きから下がらずに推移し、その後上への動き出しになるのであれば15分足のボトムが確定しボトムが切り上がるので買いを考えていきます。今日と同じように寄り付きから下がるようであれば様子見。売りを考えるのは18210円を割り込んでからにします。

●今日の終値よりもギャップダウンで寄り付いた場合

18210円を下回るような寄り付きになれば60分足は下降トレンドに転換します。また日足の調整継続となりますので売りを考えていきます。それより上の場合ははっきりした動きにならないので様子見とします。

---------抜粋ここまで--

この日の私のブログでは、次のように書いています。

http://tuiterusennin.blog109.fc2.com/blog-entry-7953.html

---------抜粋ここから--

　18760円からの動きは調整の動きになっていますが、18220円で止まり下への動きにはつながっていません。ここから18220円18210円を割り込む動きになると日足の下落波動へと転換することになるでしょう。逆に18500円を上回る動きになってくると調整は18220円で終了ということになり上への動きに戻る可能性が高くなります。

　18500－18210の間で動いているうちはどちらに動いてもおかしくないので手を出しづらいですね。今日の寄り付きは18500円よりも少し下になってきそうです。まずは18500円を上回るのを待つことにしましょうか。18500円を上回るまでは様子見にします。

---------抜粋ここまで--

　10：35のブログでは次のように書いています。

http://tuiterusennin.blog109.fc2.com/blog-entry-7954.html

---------抜粋ここから--

　寄り付きは18430円でした。その後は18410円を見てから上昇し、ポイントである18500円を上にブレイクしました。しかし、1ティックのみのブレイクです。これはブレイク失敗の可能性がありますね。この動きでは買うことはできません。ここから下がって15分足25MAを割り込まなければ買い場探しにしたいと思います。

---------抜粋ここまで--

　18430円での寄り付きとなりました。前日の終値から30円上での寄り付きです。18500円を上回るまでは様子見というシナリオです。18410円を見てから上昇し10：15に18500円を上にブレイクし18510円を付けました。これで買える動きになるのですが、ここは18500円を10円ブレイクしただけです。10円ブレイクではブレイク成功とは言えません。ブレイク失敗で売られる可能性があります。よって、ここは様子見継続とし、買うことはしません。

　18510円からの動きはやはり、ブレイク失敗であり18510円からは18410円まで下げました。18410円は日中5分足では75MAと同価格帯です。日中15分

足では25MAと同価格帯です。ナイトセッションチャート15分足では75MAと同価格帯です。18500円を1ティックだけブレイクして下げたということはブレイク失敗であり、ブレイク失敗であるならばそのまま下への動きになり15分足の移動平均線を割り込んでこなければなりません。15分足移動平均線を割り込まずに再度上への動きになるのであれば下への動きを否定することになります。上否定の後の下否定ですから、再度上値を試しに行くことになります。つまり、18410円で下げ止まれば買える動きということになります。

　18410円からは下げることなく18447円まで上昇し、もう一度下を試しに来ました。しかし、18447円からの下落は18420円までとなり反発の動きになったのでここで買いました。買いは18450円でmini100枚。ロスカットは18400円。18420円からの反発なので18410円をロスカット価格にしても良いのですが、15分足直近安値が18410円ですから、この18410円を割り込んだところをロスカットとしています。

　エントリー後はラージ18480円、mini18475円まで上昇しましたが私の利食い価格18480円は届かず。私は分割売買を利用しています。複数枚のエントリーをして、分割で利食いをしていく方法です。

※参考　分割売買については『幸せなお金持ちになるための日経225先物　必勝トレード術』100ページから150ページをご覧ください。

　分割売買はトレードをするにおいて非常に大きな武器になります。ぜひ覚えてください。

　18480円を付けた後は18478円など裁定取引による中途半端な価格の約定が続いていて通常の約定が少なくなっている感じで上昇することができずにいたので18460円で半分の50枚を利食い。残り50枚。14時を過ぎても動いてこないので25枚を18460円で利食い。残り25枚。15時前に18490円で10枚を利食い。残り15枚。残り15枚は大引け18495円で返済して終了となりました。

【本日の結果】
　18450円　mini100枚買い

18460円　返済　50枚　＋10円×50枚＝＋50,000円
18460円　返済　25枚　＋10円×25枚＝＋25,000円
18490円　返済　10枚　＋40円×10枚＝＋40,000円
18495円　返済　15枚　＋45円×15枚＝＋67,500円
合計損益　＋182,500円

【明日のシナリオ】…上値が重く、価格の調整が必要か

12月7日の引け後の日中チャートの状況です。
それぞれのトレンド判断を見ていきます。

1．ピーク・ボトムによるトレンド判断

ピーク・ボトム合成図をご覧ください。

（図31）ピーク・ボトム合成図

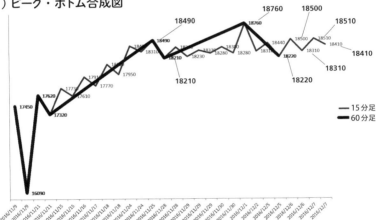

60分足
　高値　18490 － 18760　／　安値　18210 － 18220
　高値切り上げ、安値切り上げの上昇トレンド。
15分足
　高値　18500 － 18510　／　安値　18310 － 18410
　高値切り上げ、安値切り上げの上昇トレンド。

2. 株価と移動平均線との関係によるトレンド判断

60分足チャートをご覧ください。

(図32) 60分足チャート

15分足チャートをご覧ください。

(図33) 15分足チャート

　60分は株価が75本移動平均線よりも上にあるので上有利であり上昇トレンド。15分も株価が75本移動平均線よりも上にあるので上有利であり上昇トレンド。

これらを元に総合的にトレンドを判断してみましょう。

60分足のトレンド判断

ピーク・ボトムによるトレンド判断は上昇トレンド。

移動平均線との関係によるトレンド判断は上昇トレンド。

15分足のトレンド判断

ピーク・ボトムによるトレンド判断は上昇トレンド。

移動平均線との関係によるトレンド判断は上昇トレンド。

すべてのトレンド判断が上昇トレンドで揃いました。すべてが上昇トレンドで揃っているということは強い動きなのですが、今日の動きを見ているとそんなに強さを感じないのですね。すべての判断が上昇トレンドに戻ったのであればもっと勢いのある上昇になってきてもいいのです。勢いのある上昇にならなければ変なのですね。それが18510円で止まるというのが強さを感じない原因です。

日足チャートも見てみましょう。

(図34) 日足チャート

昨日の高値18500円を10円だけ上にブレイクしただけで終了。動けない状態が続いているようです。この動きは時間の調整というよりは上に動けないという動きのようですね。

日足を拡大しています。次ページの図35をご覧ください。

（図35）

　16090円から18400円まで上昇した後、左の四角で時間の調整に入りました。そしてAの足で時間の調整終了からの上昇再開になったのです。

　時間の調整終了であるならばその後は実線の動きになってこなければいけないのです。それが、右枠のようにもう一度ヨコヨコになってきているのです。これが変な動きなのですね。これは時間の調整というよりも上値が重くて上昇できないという動きです。一度下落転換してしっかりと価格の調整をしたほうがキレイな動きになりますね。

　これらを踏まえて12月8日の方針を考えてみましょう。

●今日の終値よりもギャップアップで寄り付いた場合

　ギャップアップになれば18510円を上回ることになり、上昇開始ということになりますが、ここのところの動きに強さを感じないのでそのままついていくというのはリスクが高くなります。短い時間軸の価格の調整を待ってからの買い場探しにしたいと思います。

●今日の終値近辺で寄り付いた場合

　どちらかと言えば上有利ですが、積極的に買いたいと思えるチャートではありません。様子見からのスタートにしたいと思います。

　18510円を超えた後の短い時間軸の調整を待ってから買い場探しとします。

●今日の終値よりもギャップダウンで寄り付いた場合

　60分足2つ前の安値18210円を下回るような寄り付きになれば60分足は上昇トレンドから下降トレンドに転換しますので下有利になります。15分足も3つ

前の安値を割り込むことになり下有利になります。よって18210円を下回るようなギャップダウンになれば売りを考えていきます。

18210円よりも上での寄り付きであれば60分足は上昇トレンドのままであり、売れる動きにはなりません。紛れてきそうなので、その場合は様子見とします。

明日はこんな感じで見ていくことにします。

【FXのシナリオ】…すべての時間足が上昇トレンドになっているが…

ここからはFXのチャートを見てみましょう。

それぞれのトレンド判断を見ていきます。

1. ピーク・ボトムによるトレンド判断

ピーク・ボトム合成図をご覧ください。

(図36) ピーク・ボトム合成図

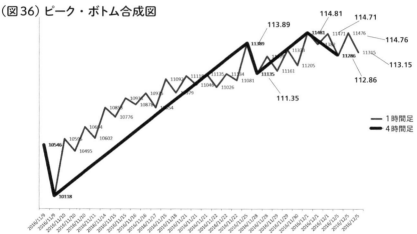

4時間足

　高値　113.89 － 114.81　 / 　安値　111.35 － 112.86

　高値切り上げ、安値切り上げの上昇トレンド。

1時間足

　高値　114.71 － 114.76　 / 　安値　112.86 － 113.15

　高値切り上げ、安値切り上げの上昇トレンド。

2. 価格と移動平均線との関係によるトレンド判断

4時間足チャートをご覧ください。

(図37) 4時間足チャート

1時間足をご覧ください。

(図38) 1時間足チャート

4時間足は価格が75本移動平均線の上にあるので上有利であり上昇トレンド。
1時間足も価格が75本移動平均線の上にあるので上有利であり上昇トレンド。

これらを元に総合的に判断をしてみましょう。

4時間足のトレンド判断

　ピーク・ボトムによるトレンド判断は上昇トレンド。価格と移動平均線との関係によるトレンド判断は上昇トレンド。

1時間足のトレンド判断

　ピーク・ボトムによるトレンド判断は上昇トレンド。価格と移動平均線との関係によるトレンド判断は上昇トレンド。

　ここで日足を見ておきましょう。

（図39）日足チャート

　昨日から少し上に動きましたがほとんど変わりなしといった状況です。時間の調整継続という動きですね。

　昨日に引き続き時間の調整が継続するのか、価格の調整に移行するのかを見ていくことになります。昨日一昨日と同じで11月30日の陽線を否定するような下落になればほぼ間違いなく短期下落波動に転換してくるでしょう。

　すべての時間足のトレンド判断が上昇トレンドになっているのですが積極的に買おうと思える動きではありません。基本はこのまま様子見ということになりますね。はっきりした動きが出るまで待つことにします。

Trade Training Day 4

4日目（2016年12月8日）

【本日のコラム】…経験しても学ばない者は、退場する

【本日の売買】…玉操作が「損小利大」を可能にする

【明日のシナリオ】…相場の原理原則に決して逆らわない

【FXのシナリオ】…短い時間軸から長い時間軸に
　　　　　　　　下落転換が移行しているということは…

【本日のコラム】…経験しても学ばない者は、退場する

　ビスマルクの言葉に次のような名言があります。

　「賢者は歴史に学び、愚者は経験に学ぶ」。相場では、「歴史は繰り返す」と言われます。

　過去の自分の経験や過去のチャートを見て学ぶのです。また、自分の経験だけではなく他人の経験からでも学ぶことができます。私は、相場という商売に対してはビスマルクの名言をちょっと変えてみたほうがいいのではないかと思っています。それは、次のようなものです。

　「賢者は歴史に学び、愚者は経験に学ぶが、退場者は経験しても学ばない」。

　相場で損ばかりしている人は「なぜ損をするのか、なぜ儲けることができないのか」をしっかりと考え探求しない限り、同じ過ちを何度も何度も繰り返すことになります。

　例えば100万円を貯めて相場デビューをしたとします。100万円の資金で始めた相場で1年も経たずにすべての資金を失って退場します。でも、相場に未練があり、もう一度100万円を貯めて相場の世界に戻ってきます。そして、同じ売買を繰り返し、損をして100万円を失い、また退場するのです。

　この経験しても学ばない人はこれの繰り返しになります。経験をしたのに学ばなければ同じ過ちを繰り返すのは当然のことです。100万円を貯めて相場デビューをした人は繰り返すことができますが、退職金を元手に相場デビューをした人の場合は悲惨な結果になることが多いのです。

　退職金は一度しかもらえません。それを失ってしまっては相場の世界に戻ってくることはできません。歴史から何かを学び取ろうとする人は「歴史は繰り返す」という真理に気づいているだけでなく、それを積極的に利用しようと考え実行します。多くの先人や他人の失敗を研究し、分析して、そこから失敗しないための何かを学び取るので、自らは多くの失敗をしないで済むのです。

　この本に書いてあることは私たち相場塾講師の過去の体験、経験を元にみなさんが失敗をしないで済むように書いています。私たち講師の経験を元に学ん

でいただくと、失敗はしても浅い傷で済むと思います。退場するなどという最悪の事態は避けられるはずです。相場で利益を上げるためには技術も必要ですが心理的な要素が非常に多くなります。

ウォールストリートの相場格言には次のようなものがあります。

「相場は悲観の中で生まれ、懐疑の中で育ち、楽観とともに成熟し、幸福と陶酔の内に終わる」この格言が示すように相場というのは人間の感情が作り出すものなのです。

トレーダーの心理状態は次のように変化します。
1. 悲観　　2. 懐疑　　3. 安心　　4. 自信　　5. 確信
6. 楽観　　7. 錯覚　　8. 不安　　9. 確信　　10. 悲観

株価の動きとはこの繰り返しなのですね。相場は感情で動きます。

ですから、過去の経験から自分の感情の動きを知り、多くのことを学ぶ必要があるのです。

【本日の売買】…玉操作が「損小利大」を可能にする

それでは、12月8日の日経225先物の動きを見ていきましょう。

12月7日の引け時点のチャートです。

(図40) 60分足チャート

(図41) 15分足チャート

(図42) ピーク・ボトム合成図

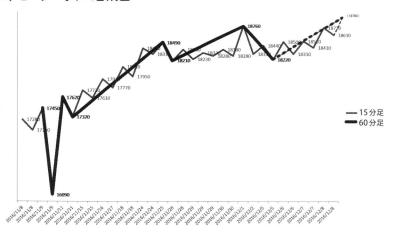

昨日立てたシナリオでは次のように書いていました。

---------抜粋ここから---

●今日の終値よりもギャップアップで寄り付いた場合

　ギャップアップになれば18510円を上回ることになり、上昇開始ということになりますが、ここのところの動きに強さを感じないのでそのまま付いていく

というのはリスクが高くなります。短い時間軸の価格の調整を待ってからの買い場探しにしたいと思います。

●今日の終値近辺で寄り付いた場合

どちらかと言えば上有利ですが、積極的に買いたいと思えるチャートではありません。様子見からのスタートにしたいと思います。18510円を超えた後の短い時間軸の調整を待ってから買い場探しとします。

●今日の終値よりもギャップダウンで寄り付いた場合

60分足2つ前の安値18210円を下回るような寄り付きになれば60分足は上昇トレンドから下降トレンドに転換しますので下有利になります。15分足も3つ前の安値を割り込むことになり下有利になります。よって18210円を下回るようなギャップダウンになれば売りを考えていきます。

18210円よりも上での寄り付きであれば60分足は上昇トレンドのままであり、売れる動きにはなりません。紛れてきそうなので、その場合は様子見とします。

---------- 抜粋ここまで ---

この日の朝の私のブログでは次のように書いています。

http://tuiterusennin.blog109.fc2.com/blog-entry-7957.html

---------- 抜粋ここから ---

両方の足が上昇トレンドで揃っています。両方の足が上昇トレンドで揃っている時というのは強い動きになっていることが多いのです。しかし、今のチャートはさほど強いという動きには見えないのですね。

それはなぜかと言うと、15分足は高値と安値の切り上げ幅が小さく、強いトレンドになっていないからです。

60分足も18760円までの上昇の後の押し目はほぼ全値押しになっています。それでも両方の足が上昇トレンドなので買いをメインに考えていくことになります。

寄り付きは高くなりますが、そのまま上への動きについていくのではなく、短い時間軸の調整を待ってからの買い場探しにしたいと思います。ちょっとナイトセッションチャートも見てみましょうか。

(図43) ナイトセッション60分足チャート

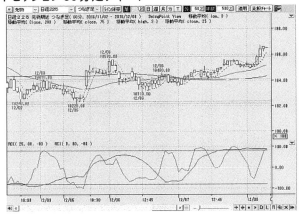

(図44) ナイトセッション15分足チャート

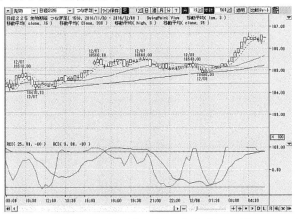

　ナイトセッションチャートでも両方の足が上を向いて揃っています。こちらも買いをメインに考えていけるチャートですね。ナイトセッションの引けは18650円、高値は18670円でしたからほぼ高値引けという状況です。ここには載せていませんが5分足も上昇トレンドで株価は移動平均線の帯の上にあり、強い動きです。まずは、5分足の調整を待ってからの買い場探しとしましょうか。
---------抜粋ここまで---
　寄り付きは18670円になりました。ギャップアップでの寄り付きとなり、18510

円を上回りましたので上昇開始ということになりますが、ここのところの動きから見ると強さを感じないのでそのまま上への動きについていくのはリスクが高くなります。よって、一番短い時間軸である5分足の調整を待つことからスタートです。

5分足の調整を待って調整終了からの上昇を買うという方針になります。寄り付き後は18640円を見てから上昇開始となり18730円まで。その後は調整に入りました。

寄り付きから30円下げただけでの上昇ですから、これは調整とは言えませんのでここでの買いはありません。18730円を付けた後の下落調整をしてからの上昇再開を買うという方針になります。

9：50のブログでは次のように書いています。

http://tuiterusennin.blog109.fc2.com/blog-entry-7958.html

---------- 抜粋ここから --

18730円からの動きは調整の動きで25本移動平均線のすぐ上までの調整になっています。この動きが強い動きであれば25本移動平均線で下げ止まり再上昇開始となってきます。18730円からはまだ6本しか経過していませんので、このままの価格帯で時間が経過すれば買いやすくなりますね。

25本移動平均線が支持線となっての上昇再開か、それとも75本移動平均線までの調整になるのか。どちらになったとしても再上昇する場面を買ってみたいですね。

---------- 抜粋ここまで --

18730円からの下落は10：25に18620円までの調整になりました。18620円は前日のナイトセッション引け前に付けた価格です。強い支持線ではありませんが、75本移動平均線と同価格帯であり支持される価格です。18730円からは5分足で12本経過しているし、そろそろボトムになっても良さそうな時間でした。

18620円で下げ止まったようなので18650円でmini50枚を買いました。ロスカットは18610円。エントリー後1時間近くが経過しても動きがないので11：30過ぎに18655円で半分の25枚を利食い。残り25枚。その後すぐに上に動き、18690円を付けました。18680円で10枚を利食い。残り15枚。

12：35のブログでは次のように書いています。

http://tuiterusennin.blog109.fc2.com/blog-entry-7959.html

--------- 抜粋ここから ---

　5分足75本移動平均線までの調整となりました。18620円は前日のナイトセッションでつけた支持線です。ここで下げ止まったということは絶好の買い場でした。絶好の買い場で買ったのですから、当然太い赤線の動きにならなければだめなのです。これは変な動きですねぇ。日中足ではギャップアップで寄り付いて短い調整を経て上昇再開なのに、こんなところで止まってしまうなんて……お昼休みが明けても動きませんので買い玉は最低枚数だけ残して手仕舞いですね。

--------- 抜粋ここまで ---

　上げなければならない場面で上げることができずに18690円以上になることなく下がってきたので10枚を18650円で同値返済。残り5枚。ロスカット価格の18610円が付きましたが残りは5枚しかありません。約定枚数は少なく下がる感じではなかったので様子を見ていたら上昇してきました。最後の5枚なのでストレスなく見ていられるのですね。これが分割売買の利点です。この5枚は大引け18790円で利食いして終了となりました。

　今日の18620円からの動きは上昇しなければならない場面だと思います。上昇しなければならない場面で上昇しないというのは変な動きなのですね。私たちは分割売買という手法を使っています。何か変だと感じたときには玉操作をして利益を確保しておくのです。そして、1回のトレードの損益を最低でもトントンにするのです。できれば少しのプラスが確定する状態に持っていければいいですね。分割売買について復習してみましょう。

　私は分割売買を推奨しています。分割売買というのは、一括で返済するのではなく何回かに分けて返済していく手法です。特にデイトレードの場合、時間の制限というのがありますので分割売買という手法、玉操作は優れた手法となります。もちろんスイングトレードにも当てはまります。

　例えば、18500円で10枚買いました。

＋30円で3枚利食い（＋90円）

072

+60円で3枚利食い（+180円）

+90円で2枚利食い（+180円）

+120円で1枚利食い（+120円）

+200円で1枚利食い（+200円）

合計+770円利益

　1枚あたり+77円です。

　200円も上昇したのに、77円の利食いでは少ないと思われるでしょうか。

　一括返済の+200円で10枚利食い（+2000円）これがいいに決まっていますよね。では、なぜ分割売買するのかを考えてみましょう。

　上がると思って買うのに、なぜ30円で3枚手仕舞いしてしまうのでしょう。先程の例にあったように、200円で一括返済というのが理想ですよね。しかし現実には無理ですよね。なぜなら買った後どこまで上がるかは誰にもわからないからです。前もっていくらまで上昇するのかがわかれば苦労はしません。いつも買うときは、100円、いや200円上がると思って買うわけですよね。でも買ったあとすぐに反転して、損切りなんてことはよくあることですね（笑）。

　それが30円で3枚利食いしてある場合はどうでしょう。+90円の利益が確保されて残りは7枚です。思ったように上昇しないので、+10円で3枚手仕舞い（+30）残り4枚さらに買値と同値で2枚手仕舞い（+0円）して、残り2枚。残りの2枚はロスカットにかかって、−30円×2枚で−60円（−30円でロスカット）この場合の損益は、+90+30+0−60＝+60円1枚あたり6円のプラスです。

　+30円の利食いのあと2回目の利食いができない場合。

　買値と同値で3枚手仕舞い（+0円）、残り4枚。残り4枚ロスカットにかかって、−30円×4枚（−120円）、この場合、+90+0−120＝−30円となり1枚あたり3円のマイナスです。

　+30円の利食いのあと、すべてロスカットになった場合

　残り6枚ロスカット−30×6枚（−180）。この場合、+90−180＝−90円となり1枚あたり9円のマイナスです。

　いかがでしょうか。100円以上上昇すると思っていたけれど30円しか上昇しなかった。はっきりいって失敗ともいえるトレードです。それでも、1枚あた

り10円も損していません。引き分けで仕切り直しできます。ということは、1回目の利食いができれば引き分け以上が確定したということです。これはトレードを続けていくためには非常に重要なことです。

次に2回利食いできた場合を考えてみましょう。

+30円で3枚（+90）+60円で3枚（+180）合計+270円で残りが4枚です。4枚すべてロスカットになったとしても−30×4（−120）、利食いから90円下落しないとロスカットにならないので気が楽になります。そこまで下落する間に一部返済しているでしょうけどね。結果は270−120＝150円となりますので、2回利食いができると完全にプラスになります。2回目の利食いができると完全にプラスになりますので精神的にも良い状態が生まれます。

3回目の利食いができて、残り2枚になった場合はさらに余裕ですね。10枚エントリーに対して残り2枚なので残り2枚に関して、気楽に利食いできるのです。こうなると残りの利食いを引っ張ることができるのです。どうでもいいというのは言い過ぎかもしれませんがあとは、「適当に利食い」という言葉がぴったりの感じです。

相場で勝つには「損小利大」です。損はできる限り少なくしないといけませんし、利は伸ばさなければいけません。

1枚の場合はエントリーも正解、イグジットも正解でないといけません。

例えば、含み損になっていたのが、チャラに戻ってきて手仕舞いしたら急上昇した。含み益だったのが、急落してチャラになった、または損になった。こういうのが多いですね。裁量の場合、返済は感覚に頼ることも多いですので、ちょっとした精神的な不安や体調不良、前回のトレードの結果、板の状況などによって影響されることがあります。

分割売買で最初の利食いができれば、同値で返済になっても最初の分の利益は確保されていますのでとことんひっぱっても怖くありませんね。分割売買を行うひとつの理由とは最後の1枚を引っ張るために分割して返済するということもあります。

エントリー後動きがおかしいなと思ったら、1枚返済してみるなど、機動的にできるのも分割売買の利点です。手数料、スリッページを考えると小さな値

動きで小さな利益を積み重ねるよりも売買回数を絞って、大きな利益を狙うほうが個人投資家には有利ではないでしょうか。これも「損小利大」ですね。

デイトレといえども、一日10回も20回もしなくてもいいのです。そしてエントリー後、自分の思ったように動かない場合でも分割売買で少しの損あるいは少しのプラスにしていくことも可能になります。分割売買は、利益を伸ばす目的の他に成績の安定化にもつながります。1枚の売買であれば、勝つか負けるかになります。成績が安定すると、枚数を増やすことができるのです。

初月の損益 ＋20万、2ヶ月目の損益 ＋500万、3ヶ月目の損益 −300万。これでは、枚数増やすことができません。月ベースではマイナスはない、週ベースでも負けるのは3ヶ月に1度これであれば枚数を増やすことができます。

ホームランを狙う必要はなくヒットでいいのですね。複数売買をして、まずいと思ったら1枚切る。これから実行してみてくださいね。

【本日の結果】
18650円　mini50枚買い
18655円　25枚返済　＋5円×25枚＝＋12,500円
18680円　10枚返済　＋30円×10枚＝＋30,000円
18650円　5枚返済　　＋−0円×5枚＝＋−0円
18790円　5枚返済　　＋140円×5枚＝＋70,000円
合計損益　＋112,500円

【明日のシナリオ】…相場の原理原則に決して逆らわない

12月8日の引け後の日中チャートの状況です（次ページ）。
それぞれのトレンド判断を見ていきます。

1. ピーク・ボトムによるトレンド判断
次ページのピーク・ボトム合成図をご覧ください。

(図45)ピーク・ボトム合成図

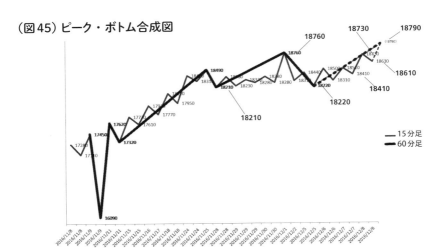

60分足
　高値　18760 – 18790(未確定)　/　安値　18210 – 18220
　高値切り上げ、安値切り上げの上昇トレンド。
15分足
　高値　18730 – 18790(未確定)　/　安値　18410 – 18610
　高値切り上げ、安値切り上げの上昇トレンド。

2. 株価と移動平均線との関係によるトレンド判断
(図46)60分足チャート

（図47）15分足チャート

　60分足は株価が75本移動平均線よりも上にあるので上有利で上昇トレンド。15分足も株価が75本移動平均線よりも上にあるので上有利で上昇トレンド。
　これらを元に総合的にトレンドを判断してみましょう。

60分足のトレンド判断
　ピーク・ボトムによるトレンド判断は上昇トレンド。
　移動平均線との関係によるトレンド判断は上昇トレンド。

15分足のトレンド判断
　ピーク・ボトムによるトレンド判断は上昇トレンド。
　移動平均線との関係によるトレンド判断は上昇トレンド。

　昨日と同じですべてのトレンド判断が上昇トレンドで揃っています。昨日は強さを感じなかったのですが、今日の動きで高値を更新しました。結果強い動きだったということです。高値更新する動きになり、すべてのトレンド判断が上昇トレンドですから買いのみを考えていけばいいことになります。
　相場の原理原則は次のようなものです。
●上昇トレンドでは買いしかしない。
●下降トレンドでは売りしかしない。
●トレンドレスでは買いも売りもしない。

※**参考　相場の原理原則**については『幸せなお金持ちになるための日経225先物　必勝トレード術』23ページ・24ページをご覧ください。

　ここで日足も見てみましょう。
　日足チャートをご覧ください。

(図48) 日足チャート

　私は、18760円がピークになり一度、短期下落波動に転換する可能性が高いと考えていましたが、あっさりと否定され高値更新の動きになりました。これでピークらしさを調べる条件はリセットされましたので、新たにポイントを数え直すことになります。

※**参考　ピークらしさボトムらしさの判断**については『日経225先物ストレスフリーデイトレ勝利の方程式　改訂版』106ページから108ページをご覧ください。

　今回の短期上昇波動は今日で20日が経過しました。非常に長い期間の上昇波動になっています。日柄から考えるといつピークを付けてもいいのですが、上昇し続ける限りはついていくことになります。
　「日柄から考えると」というのは、過去の統計値から考えると上昇波動の統計平均値を超えているので、いつピークを付けて下落波動に転換してもおかしく

ないということです。順張りは進む方向にエントリーをしていくのですね。自分の感覚がそろそろ下だと感じていても上昇し続ける限りは買うのです。

　これらを踏まえて12月9日の方針を考えてみましょう。

●今日の終値よりもギャップアップで寄り付いた場合

　今日の高値更新により強い動きが肯定されました。通常ですとこのような動きになると翌日高く寄り付くと更に上の動きになる可能性があります。ただし、明日はメジャーSQなんですよね。

　今日の上昇はSQ値をどうしても高くしたい参加者の強引な買いの可能性もあります。メジャーSQでなければ寄り付きからの上昇についていきたいのですが、SQ値が決定した後の動きが乱高下する可能性がありますので様子見にしたいと思います。

●今日の終値近辺で寄り付いた場合

　今日が高値引けですから、しっかりと調整を待ってからの買い場探しにしたいと思います。ただし、私たちはつなぎ足でチャートを見ています。2016年12月限の終値は18790円でしたが、2017年3月限の終値は18730円でした。60円の価格差があるのですね。

　今日の引け値と同価格帯での寄り付きになったとしても3月限では60円上の寄り付きということになります。メジャーSQ開け後は、数日間、つなぎ足と期近の両方のチャートを見ながらトレードする必要があります。

●今日の終値よりもギャップダウンで寄り付いた場合

　今日の動きが強かったのでギャップダウンになった場合は様子見とします。

　強い動きをした後にギャップダウンになってもすぐに上への動きに戻ることがあります。ギャップダウンを肯定するのか否定するのかによって売買が変わるのですが、メジャーSQで荒れる可能性があるので様子見です。ただし、18210円を下回るような大きなギャップダウンになれば今日の上昇を否定することになるので売りを考えていきます。それより上の場合は様子見。

Trade Training Day 4　079

【FXのシナリオ】…短い時間軸から長い時間軸に下落転換が移行しているということは…

1．ピーク・ボトムによるトレンド判断

ピーク・ボトム合成図をご覧ください。

（図49）ピーク・ボトム合成図

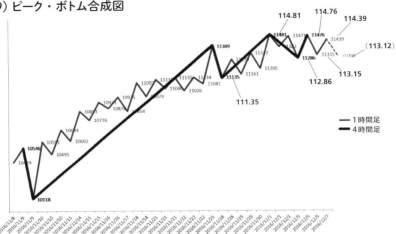

4時間足

　　高値　114.81 － 114.76　／　安値　111.35 － 112.86

　高値切り下げ、安値切り上げのトレンドレス。

1時間足

　　高値　114.76 － 114.39　／　安値　113.15 － 113.12（未確定）

　高値切り下げ、安値切り下げの下降トレンド。

2．価格と移動平均線との関係によるトレンド判断

　4時間足は価格が75本移動平均線の上にあるので上有利であり上昇トレンド。
1時間足は価格が75本移動平均線の下にあるので下有利であり下降トレンド。
　これらを元に総合的に判断をしてみましょう。

(図50) 4時間足チャート

(図51) 1時間足チャート

4時間足のトレンド判断

ピーク・ボトムによるトレンド判断はトレンドレス。価格と移動平均線との関係によるトレンド判断は上昇トレンド。

1時間足のトレンド判断

ピーク・ボトムによるトレンド判断は下降トレンド。価格と移動平均線との

関係によるトレンド判断は下降トレンド。

ここで日足も見ておきましょう。

(図52) 日足チャート

日足は昨日とほぼ変わらずという動きです。

時間の調整継続という動きですね。日足は変わらないのですが、1時間足のトレンド判断が両方とも下降トレンドになりました。

短い時間軸から下落転換に向かっているようです。短い時間軸から長い時間軸に下落転換が移行してくると、日足チャートでは時間の調整ではなく価格の調整に移行することになります。

今日の日経225先物は大きく上昇しましたが、ドル円はほとんど変化がありません。これは今日の日経225先物の上昇が明日のメジャーSQに向けた強引な買いだった可能性がありますね。

ドル円は昨日に引き続き、時間の調整が継続するのか、価格の調整に移行するのかを見ていくことになります。11月30日の陽線を否定するかどうかが今後のポイントになってきます。基本はこのまま様子見ということになりますが4時間足の直近安値である112.86円を割り込むような動きになれば短期では売りを考えていくことにします。

Trade Training Day 5
5日目（2016年12月9日）

【本日のコラム】…「持たざるリスク」に惑わされない

【本日の売買】…絶対に逆らってはいけない動き

【明日のシナリオ】…上昇波動の日数が通常の2倍になっているが…

【FXのシナリオ】…1時間足が上昇トレンドに転換したが…

【本日のコラム】…「持たざるリスク」に惑わされない

「持たざるリスク」

　今は株価が上昇していますよ。今買わないと「持たざるリスク」を負うことになりますよ。こんなことを言う人がいます。「今は追い風が吹いているから株価が上昇したときに持っていなければ儲け損なってしまうよ」ということです。新聞やネット上でもこの言葉が出てくることがあります。アメリカ大統領選挙のようなビッグニュースによって株価が大きく上がる可能性が高いと多くの人が考えていると、「これは買っておかないと儲け損なってしまうよ」という論調がおきます。これも「持たざるリスク」のようなものですね。

　ネットやテレビで「持たざるリスク」「持たざるリスク」と繰り返し言っていると「何かを買っておかなければ」と焦ってしまう人がいます。では、本当に「持たざるリスク」があるのでしょうか。

　個人投資家は、この「持たざるリスク」というのは考えなくてもいいのではないでしょうか。多くの人のお金を預かって運用をしている投資信託のファンドマネージャーや、年金基金を運用する人たちにとっては「持たざるリスク」が存在すると思います。どうしてかと言うと、これらの人たちは常に他との比較をされるからです。

　ベンチマークである株式指数と比較して自分の運用が劣っていたり、他の投資信託と比較して運用成績が悪かったりすると解約をされてしまうのですね。そして、他の投資信託に乗り換えられてしまいます。ファンドマネージャーにとって、これは死活問題ですよね。だから、ファンドマネージャーはリスクをとって大きな勝負をすることも必要になるのです。

　上昇相場になっているのに現金を抱えたまま見ているだけでは運用資金は増えません。株式指数や同業他社の運用に負けてしまうのです。そのために「持たざるリスク」というものが存在してくるのです。では、私たち個人投資家はどうでしょう？

　誰と比較されるのでしょうか。私たちは誰とも比較されることはありません。

他の人がいくら儲かっていても損していても自分には関係ありません。他の人のトレード結果に影響を受けることは何もないのです。儲かっているという話を聞くと、自分も買っておかなければ損だと思ってしまうだけで、本当は損をしないのです。他の人が大きく含み益を乗せているときはすでに株価は上昇しているのです。上昇しているところを追いかけて買ってもリスクが高くなるだけで儲かる可能性は低くなります。上昇相場に乗り遅れたら見ているだけにすればいいのです。何もしなければいいのです。

　乗り遅れたら損をすると考え追っかけて買うと多くの場合、高値掴みになり損をします。先月の大統領選挙も同じです。ヒラリー・クリントンさんが勝つ可能性が高いというニュースがあるとNYダウもナスダックもSP500も大きく上昇します。ドル円も円安方向に大きく動きます。この上昇を見て、「ヒラリーさんが勝てばさらに株価は上昇するだろう。だから高くなっているが今のうちに買っておかなければ」と考えチャート分析もせずに買ってしまうのです。私たちはテクニカルで売買をしているにも関わらず大統領選挙というニュースで買ってしまうのです。こんな売買をしていては年間を通じて利益を積み重ねていくことなどできません。利益を上げ続けるためには自分の手法をしっかりと守っていかなければならないのです。

　ヒラリー・クリントンさんが勝つと株価は上昇するだろうから、乗り遅れては損をすると考え、当日の寄り付き価格で買っていたらどうなっていたでしょう。日経225先物の寄り付き価格は17360円でした。ドル円の9時の為替価格は104.97円でした。10時前の日経225先物は17080円まで下落しました。ドル円は104.34円まで下落しました。そして、日経225先物もドル円も急反発して高値更新の動きになっています。先物は17360円から17080円まで280円の下落です。ドル円は104.97円から104.34円まで63pipsの下落です。これだけ大きな下落があると、「もしかして、ヒラリーさんが負けてトランプさんが勝つという出口調査の結果でも出たのではないだろうか？」と不安になります。不安になったらどのような行動を取るでしょうか。そうです。買い玉をロスカットするのですね。

　買った理由はヒラリーさんの勝利だったのですね。それが、トランプさんの勝利かもしれないと条件が変わったのですから今度は売るという行動を取りま

Trade Training Day 5　085

す。売った途端に急反発し9時の時点の価格を上回ります。「さっきの下落は何だったんだ？」「やっぱりヒラリーさんの勝利なの？」こうなるともうトレードはめちゃくちゃになります。

　売り玉はロスカットし、ドテンで再び買うという行動を取ります。この時点で2回の大きな損切りをしているのです。絶対に取り返してやろうという意識が強くなるのです。買いで取り返してやろうと考えているので少しくらい下がっても損切りすることはありません。そして、次の急落では固まって何もできなくなり、耐えきれない額の損失を抱えてしまうのです。

　上なのか下なのか、どっちが正しいのかわからなくなり、売り買いを繰り返してしまうのです。結果は大きな損失で終了というパターンですね。

　私の手法はテクニカルです。待ち伏せ売買です。思惑で売買をするのではありません。ニュースで売買をするのではありません。チャート分析をして、しっかりとチャンスが来るまで待っていればいいのですね。こんな動きで相場の世界から退場するなんてことはないようにしましょうね。見ているだけでいいのです。そしてわかりやすい場面では着実に儲けさせていただきましょうね。

【本日の売買】…絶対に逆らってはいけない動き

　それでは、12月9日の日経225先物の動きを見ていきましょう。
　12月8日の引け時点のチャートです。
　次ページの60分足チャートをご覧ください。

（図53）60分足チャート

15分足チャートをご覧ください。

（図54）15分足チャート

(図55) ピーク・ボトム合成図

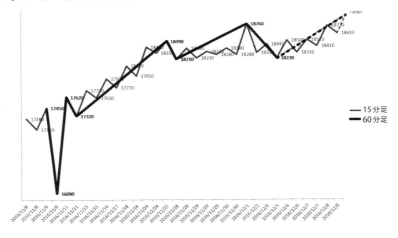

昨日の時点でのシナリオは次のように書いていました。

--------- 抜粋ここから --
●今日の終値よりもギャップアップで寄り付いた場合

今日の高値更新により強い動きが肯定されました。通常ですとこのような動きになると翌日高く寄り付くと更に上の動きになる可能性があります。ただし、明日はメジャーSQなんですよね。今日の上昇はSQ値をどうしても高くしたい参加者の強引な買いの可能性もあります。メジャーSQでなければ寄り付きからの上昇についていきたいのですが、SQ値が決定した後の動きが乱高下する可能性がありますので様子見にしたいと思います。

●今日の終値近辺で寄り付いた場合

今日が高値引けですから、しっかりと調整を待ってからの買い場探しにしたいと思います。ただし、私たちはつなぎ足でチャートを見ています。2016年12月限の終値は18790円でしたが、2017年3月限の終値は18730円でした。60円の価格差があるのですね。

今日の引け値と同価格帯での寄り付きになったとしても3月限では60円上の寄り付きということになります。メジャーSQ開け後は、数日間、つなぎ足と期近の両方のチャートを見ながらトレードする必要があります。

●今日の終値よりもギャップダウンで寄り付いた場合

今日の動きが強かったのでギャップダウンになった場合は様子見とします。

強い動きをした後にギャップダウンになってもすぐに上への動きに戻ることがあります。ギャップダウンを肯定するのか否定するのかによって売買が変わるのですが、メジャーSQで荒れる可能性があるので様子見です。ただし、18210円を下回るような大きなギャップダウンになれば今日の上昇を否定することになるので売りを考えていきます。それより上の場合は様子見。

--------- 抜粋ここまで --

この日の朝の私のブログでは次のように書いています。

http://tuiterusennin.blog109.fc2.com/blog-entry-7964.html

--------- 抜粋ここから --

両方の足が上を向いて揃っている状態です。強い動きですね。このチャートであれば買いのみを考えていけばいいことになります。

昨日は高値引けになっていて、ナイトセッションも上昇しています。今日はギャップアップでの寄り付きになりますので、寄り付きから新高値ということになります。19000円というのが視野に入ってきているようですね。今日はメジャーSQです。寄り付き後は、荒い動きになる可能性があります。今日は様子見からのスタートとし、寄り付き後の動きを確認してからシナリオを作り直したいと思います。

--------- 抜粋ここまで --

寄り付きは18800円になりました。つなぎ足では昨日の引け値とほぼ同価格になりますが3月限では70円のギャップアップです。日中足とナイトセッションチャートの両方を見ながら支持線を確認しての買いという方針になります。

寄り付き後すぐに18760円まで下がりましたが、この価格は日中足では5分足25本移動平均線の上にあり、もう少し調整があってもよさそうです。ナイトセッションチャート5分足では25本移動平均線も75本移動平均線も割り込んでいますので支持線はありません。ナイト15分足では75本移動平均線の少し上にあたります。

18760円から反発し、上昇開始となりました。9時過ぎの18760円からの上昇

はナイト15分足の75本移動平均線からの反発、日中5分足の25本移動平均線の上での調整終了ということになるので強い動きが確認できています。よってここからは買い場探しとしました。18760円からは18870円まで上昇し小休止。18790円まで下落してきました。18790円は日中5分足では25本移動平均線タッチです。25本移動平均線が支持線となると考え、18790円からの上昇を18825円でmini100枚買い。ロスカットは18750円。

　エントリー後は18855円で1回目の利食い30枚。残り70枚。18885円で2回目の利食い30枚。残り40枚。18915円で3回目の利食い20枚。残り20枚。18945円で4回目の利食い10枚。残り10枚。18975円で5回目の利食い5枚。残り5枚。上昇は19000円までと切りの良い価格になりました。

　残りの5枚はナイトセッションに持ち越しとしました。この5枚はナイトセッションでトレイリングストップに変更。ナイトセッションでは日中高値19000円を超えてきました。19120円を付けた後、下落して19030円まで。高値から100円下落したら返済しようと考えていましたがここは90円の下落でしたのでそのまま持続。その後は高値更新となりました。夜も遅くなったので19200円に利食い指値、19100円に返済逆指値を入れて就寝。朝起きて確認したところ、どちらにもかかっていませんでした。結局、翌週12日の日中19200円で利食いして終了となっています。

【本日の結果】

18825円　　mini100枚買い

18855円　　　　30枚返済　　＋30円×30枚＝＋90,000円

18885円　　　　30枚返済　　＋60円×30枚＝＋180,000円

18915円　　　　20枚返済　　＋90円×20枚＝＋180,000円

18945円　　　　10枚返済　　＋120円×10枚＝＋120,000円

18975円　　　　5枚返済　　＋150円×5枚＝＋150,000円

19200円　　　　5枚返済　　＋375円×5枚＝＋187,500円

合計損益　＋907,500円

【明日のシナリオ】…上昇波動の日数が通常の2倍になっているが…

12月9日の引け後の日中チャートの状況です。
それぞれのトレンド判断を見ていきます。

1. ピーク・ボトムによるトレンド判断

ピーク・ボトム合成図をご覧ください。

（図56）ピーク・ボトム合成図

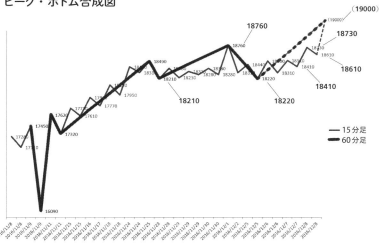

60分足
　　高値　18760 － 19000（未確定）　／　安値　18210 － 18220
　　高値切り上げ、安値切り上げの上昇トレンド。

15分足
　　高値　18730 － 19000（未確定）　／　安値　18410 － 18610
　　高値切り上げ、安値切り上げの上昇トレンド。

2. 株価と移動平均線との関係によるトレンド判断

(図57) 60分足チャート

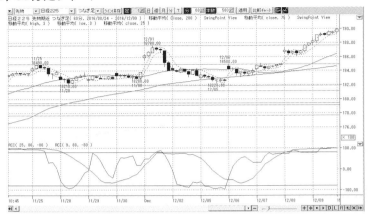

(図58) 15分足チャート

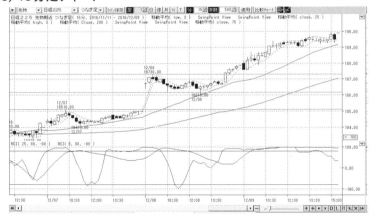

60分足は株価が75本移動平均線の上にあり上有利で上昇トレンド。

15分足も株価が75本移動平均線の上にあり上有利で上昇トレンド。

これらを元に総合的にトレンドを判断してみましょう。

60分足のトレンド判断

ピーク・ボトムによるトレンド判断は上昇トレンド。

移動平均線との関係によるトレンド判断は上昇トレンド。

15分足のトレンド判断

ピーク・ボトムによるトレンド判断は上昇トレンド。

移動平均線との関係によるトレンド判断は上昇トレンド。

昨日と同じですべてのトレンド判断が上昇トレンドで揃っています。今日は19000円という心理的節目の価格まで上昇しました。非常に強い動きになっています。これは絶対に逆らってはいけない動きです。逆らってはいけない動きというのはいくら高すぎると思っても売ってはいけないということです。

価格だけを見て、いくらなんでも高すぎるだろうと思い、売ると更に上の動きになった場合ロスカットすることができなくなります。なぜなら売った理由が高すぎるからということなので、更に高くなれば売り増しはできるがロスカットできないということになるからです。逆らってはいけない動きになっている場合は上に行く限りは買うのみですね。

ここで日足も見てみましょう。

(図59) 日足チャート

今日も上昇して19000円までの高値がありました。これで短期上昇波動は21日が経過しました。通常の短期波動の統計値を見てみましょうか。

日足の統計データは次のようなものです。

日足軸　短期波動の統計
日足軸の短期波動の数は 423 個

ボトム〜ピークまで
上昇率
平均　9.389%・中央値　7.73%・平均値幅　1301 円・中央値　1090 円
上昇日数
平均　11.3 本・中央値　8 本・90%の本数　22 本
ピーク〜ボトムまで
下落率
平均−8.743%・中央値　−7%・平均値幅　1381 円・中央値　1090 円
下落日数
平均　　11.678 本・中央値　9 本・90%の本数　　22 本
ボトムからピークは、8 〜 11 日でピークが出て長くても 90%の確率で 22 日ま
でにピークが出る。ピークからボトムまで 9 日〜 11 日でボトムが出て長くて
も 90%の確率で 22 日までにボトムを出す。

　2013 年から 2016 年の統計データでは、
　ボトムからピークまで
●上昇率は、平均　7.62%・中央値　7.04%
●上昇日数は、平均　9.05 本・中央値　8.00 本
●上昇幅は、平均 1306.5 円・中央値　1100 円
　2013 年以降の日足の上昇波動は平均が 9 日、中央値で 8 日です。今回の上昇
波動はすでに 21 日が経過しているのですね。通常の 2 倍以上の日数になって
いるということです。
　これらを踏まえて来週月曜の方針を考えてみましょう。

●今日の終値よりもギャップアップで寄り付いた場合

　ここからはどこまで上昇するのかはわかりません。19000円という心理的節目も一気に上抜くことになります。上に動けばついていくだけですね。寄り付きから下がらないことを確認しての買い。

●今日の終値近辺で寄り付いた場合

　今日がほぼ高値引けで、上には心理的節目の19000円があります。しっかりと調整を待ってからの買い場探しにしたいと思います。

●今日の終値よりもギャップダウンで寄り付いた場合

　昨日に引き続き、今日の動きが強かったのでギャップダウンになった場合は様子見とします。

　月曜はこんな感じで見ていくことにします。

【FXのシナリオ】…1時間足が上昇トレンドに転換したが…

　ここからはFXのチャートから見てみましょう。

　チャートソフトはメタトレーダー4（MT4）を使用しています。

　チャートはドル円で、16時40分頃のものになります。

　FXでは、1時間足、4時間足を採用しております。

　それぞれのトレンド判断を見ていきます。

1. ピーク・ボトムによるトレンド判断

　1時間足と4時間足のピーク・ボトム合成図をご覧ください（次ページ）。

4時間足

　高値　114.81 − 114.76　/　安値　112.86 − 113.12

　高値切り下げ、安値切り上げのトレンドレス。

1時間足

　高値　114.37 − 114.56（未確定）　/　安値　113.12 − 113.93

　高値切り上げ、安値切り上げの上昇トレンド。

(図60) ピーク・ボトム合成図

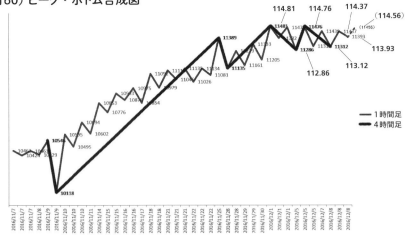

2. 価格と移動平均線との関係によるトレンド判断
(図61) 4時間足チャート

（図62）1時間足チャート

　移動平均線との関係は、75本移動平均線より上か下で判断します。
　4時間足は価格が75本移動平均線の上にあり上有利で上昇トレンド
　1時間足も価格が75本移動平均線の上にあり上有利で上昇トレンド
　これらを元に総合的に判断をしてみましょう。

4時間足のトレンド判断
　ピーク・ボトムによるトレンド判断はトレンドレス。為替価格と移動平均線との関係によるトレンド判断は上昇トレンド。

1時間足のトレンド判断
　ピーク・ボトムによるトレンド判断は上昇トレンド。為替価格と移動平均線との関係によるトレンド判断は上昇トレンド。
　ここで日足も見ておきましょう。

(図63) ドル円日足チャート

　日足は今日もほぼ変わらずという動きです。時間の調整継続という動きですね。日足は変わらないのですが、昨日短い時間軸から下落転換に向かった動きが反発し今日は1時間足が上昇トレンドに転換しました。

　これでまた紛れてきましたね。基本はこのまま様子見ということになりますが4時間足の直近安値である112.86円を割り込むような動きになれば短期では下有利になりますので売りを考えていくことにします。逆に114.81円を上回るようであれば上有利になるので買い場探しになります。

Trade Training Day 6

6日目（2017年1月16日）

【本日のコラム】…相場で身動きが取れなくなったら、どうする？

【本日の売買】…否定の否定も想定してトレード

【明日のシナリオ】…通常、短期下落波動は10日前後続く

【FXのシナリオ】…スウィングなら買い、デイなら売り

「はじめに」に書いていますが、相場塾では日々メールを3人の講師が交代で担当しているため、本書では日付が飛んでいることがありますのでご了承ください。

【本日のコラム】…相場で身動きが取れなくなったら、どうする?

イソップ寓話に「牛追いとヘラクレス」という話があります。牛追いがある村を目指して、荷車を引かせたウシを追いたてて行きました。そのうちに深いみぞに車がはまってしまい、動けなくなりました。しかしこの牛追いは車を押しあげようとする代わりに、その場に立ち尽くして何もしないで、ただ、神さまの中でも一番信心しているヘラクレスに、「どうぞ、助けて下さい」と、お祈りするだけでした。

ヘラクレスはこの男の前に現れて、こう言いました。「さあ、お前のその手を車にかけろ！　ウシにムチを当てろ！」「自分で努力しないうちに、神の助けなど求めるな！」「自分でやってみもしないで、助けてくれと言ったって、神が助けるはずはないぞ」

自分で努力しようとせず他人をあてにする人間には、誰も力を貸してくれません。まずは自分自身でできることをやり、真剣な姿を見せることにより人は力を貸してくれます。

トレーダーも同じようなことをしているようです。

あるトレーダーが大金持ちになることを目指して株式投資を始めました。トレードしているうちに含み損が大きくなり身動きが取れなくなりました。しかし、このトレーダーは損切りをする代わりに、ただ、相場の神様に「どうか、株価を元の価格に戻してください」と、祈るだけでした。

相場の神様は、トレーダーの頭のなかに現れて、こう言いました。

「さあ、お前のその手をマウスに置け！　返済ボタンをクリックしろ！」「塩漬けを続けているうちは神の助けなど求めるな！」「損失を受け入れないと利益は得られないのだからまずは損失を受け入れろ！」「損失を受け入れることができないのに相場の神が助けるはずはないぞ」損をするトレーダーというのは、損失を受け入れることができません。すべてのトレードで儲けたいと考え

るのです。勝率100％を夢見るのですね。しかし、相場に勝率100％はあり得ません。相場は負けること（自分の考えが間違っていたということ）を認めることにより儲けることができるのです。

【本日の売買】…否定の否定も想定してトレード

　それでは、1月16日の日経225先物の動きを見ていきましょう。
　1月13日の日中引け時点のチャートです。
（図64）60分足チャート

（図65）15分足チャート

(図66) ピーク・ボトム合成図

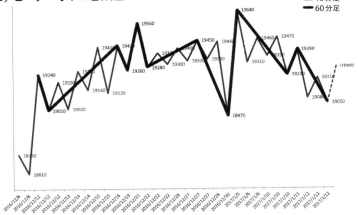

　この日の朝の私のブログでは次のように書いています。
http://tuiterusennin.blog109.fc2.com/blog-entry-8052.html
--------- 抜粋ここから --
　60分足は下降トレンド、15分足はトレンドレスです。15分足の方向感がなくなってきているので長い60分足をメインにシナリオを作っていくことになりますね。総合的に考えて下有利であり、売りをメインに考えていけるチャートです。ナイトセッションは＋－0円、CMEは19300円です。ドル円は7時には少し下げて114円台前半になっています。これらから考えると今日の寄り付きは19250円近辺ということになるのでしょうか。今日は60分足の調整からの下落を売るという方針からのスタートとしましょうか。
--------- 抜粋ここまで --
　寄り付きは19190円でした。13日の引けの時点では60分足は下降トレンドであり、19050円までの下落に対する調整の動きになっていました。そして調整は19300円までとなっています。19300円は60分足25本移動平均線と75本移動平均線の間に当たります。
　25本移動平均線と75本移動平均線の間からの下落を売るのが基本になります。つまり、ここから下落すれば60分足の調整終了からの下落となりますので売れる動きであるということです。

（図67）当日の売買譜チャート

　最初の1時間では19240円まで上昇してから始値に戻りました。これで上への動きを否定したと考えられます。上への動きを肯定するのであれば19240円まで上昇した後には始値まで戻さずにそのまま60分足75本移動平均線まで戻すのが普通です。それが19240円で跳ね返されたということは上への動きを否定したと考えることができます。

　そこで19240円からの下落を19190円でmini100枚売りました。ロスカットはこれまでの高値19240円の10円上である19250円。19250円を付けると上を否定して下の動きになったのですが、その下の動きを再否定することになります。否定の否定となり上への力が強くなる可能性が高いので19250円をロスカット価格としています。

　エントリー後はしっかりと下げてくれたので順調に利食いができました。19160円で1回目の利食い30枚。残り70枚。19130円で2回目の利食い30枚。残り40枚。

　10：40のブログでは次のように書いています。

http://tuiterusennin.blog109.fc2.com/blog-entry-8053.html

--------- 抜粋ここから--

19190円での寄り付きになり、19240円まで戻してから下落。安値は19110円までとなっています。60分足の調整からの下落となっています。この動きが60分足の調整終了であるならばこのまま下落して19050円を割り込むことになります。このまま下を見ていけるチャートですね。錦織の全豪オープン見ながらトレードしています♪

----------抜粋ここまで---

錦織圭、5セットまでもつれ込みましたが勝ってくれました。最近は1セット目を失うケースが多いように感じます。テニスの話題はこのぐらいにして……

19110円からは19150円まで戻しましたが2回の利食いをしているので余裕を持って見ていられます。2回の利食いをしたことにより今回のトレードの損益がプラスで終了することが確定しているので余裕で見ていることができるのですね。19150円まで戻した後は再び下がり始めました。

19100円で3回目の利食い20枚。残り20枚。

19070円で4回目の利食い10枚。残り10枚。

ラージでは19040円を付けましたがminiは19045円まで。19040円から100円戻したので5枚を19130円で利食い。残り5枚。残りの5枚はナイトセッションに持ち越しとなりました。ナイトセッションに入った後はほとんど動きがなくなってヨコヨコが続いたので20時過ぎに19090円で5枚を返済して終了としました。

【本日の結果】

19190円	mini100枚売り。		
19160円	30枚返済	+30円×30枚	= +90,000円
19130円	30枚返済	+60円×30枚	= +180,000円
19100円	20枚返済	+90円×20枚	= +180,000円
19070円	10枚返済	+120円×10枚	= +120,000円
19130円	5枚返済	+60円×5枚	= +30,000円
19090円	5枚返済	+100円×5枚	= +50,000円

本日の合計損益　+650,000円

【明日のシナリオ】…通常、短期下落波動は10日前後続く

それでは、1月16日の引け後の日足チャートの状況です。
それぞれのトレンド判断を見ていきます。

1. ピーク・ボトムによるトレンド判断

ピーク・ボトム合成図をご覧ください。

（図68）ピーク・ボトム合成図

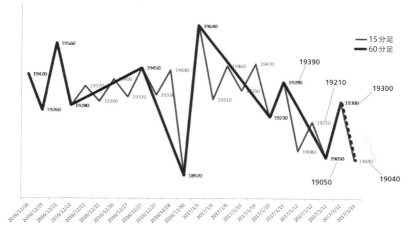

60分足
　高値　19390 – 19300　/　安値　19050 – 19040（未確定）
　高値切り下げ、安値切り下げの下降トレンド。
15分足
　高値　19210 – 19300　/　安値　19050 – 19040
　高値切り上げ、安値切り下げのトレンドレス。

2. 株価と移動平均線との関係によるトレンド判断

(図69) 60分足チャート

(図70) 15分足チャート

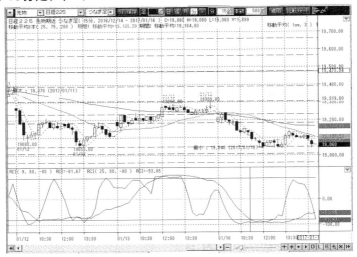

　60分足は株価が75本移動平均線よりも下にあるので下有利で下降トレンド。15分足も株価が75本移動平均線よりも下にあるので下有利で下降トレンド。

これらを元に総合的にトレンドを判断してみましょう。

60分足のトレンド判断

　ピーク・ボトムによるトレンド判断は下降トレンド。

　移動平均線との関係によるトレンド判断は下降トレンド。

15分足のトレンド判断

　ピーク・ボトムによるトレンド判断はトレンドレス。

　移動平均線との関係によるトレンド判断は下降トレンド。

　15分足のピーク・ボトムによるトレンドはトレンドレスですが、19040円のボトム確定後19140円まで戻して再び19040円を付けています。今後19040円を割り込むと高値切り下げに続き安値も切り下がりますので、高値切り下げ安値切り下げの下降トレンドに転換します。引け値が19060円ですから19040円までは後20円です。引け値から30円下がると15分足は下降トレンドになるということですので15分足は下有利なトレンドレスという動きです。そうなると両方の足が下有利であり売りをメインに考えていけるチャートということになります。

　ここで日足も見てみましょう。

（図71）日足チャート

終値では25日移動平均線を割り込みました。現在の動きは19640円までの上昇に対する調整の動きになっています。今日も調整継続という動きです。19640円からは7日が経過しています。通常の短期下落波動は10日前後続きますので、もう少し下落日数があっても良いことになります。そうなると今後は直近安値の18970円を割り込む可能性が高いと考えることができます。日足も下有利ということですね。

　これらを踏まえて明日の方針を考えてみましょう。

●今日の終値よりもギャップアップで寄り付いた場合

　15分60分両方の足が下降トレンドで揃っているので下有利です。60分足15分足ともに直近高値は19300円になっています。この19300円を超えると両方の時間軸で下降トレンドが崩れトレンドレスになります。下降トレンドのままでいる限りは売りを考えていっても良いということです。

　そうなると基本19300円を超えるまでは売り場探しとします。ただし、15分足75MAを超えるような寄り付きになると15分足の調整から60分足の調整に移行するのでそれなりの戻しになる可能性があります。中途半端な価格で売るのではなく、しっかり抵抗線を意識して上げ止まったところで売りたいですね。

●今日の終値近辺で寄り付いた場合

　19040円からも戻しは19140円までとなっていて再び19040円を付けています。ここから下落すれば19040円を割り込むことになり15分足は下降トレンドに転換しますので下落に力がつき19000円割れにつながってくるでしょう。19040円を割り込むのを待ってから短い時間軸の調整（戻し）を待って売り場探しとします。

●今日の終値よりもギャップダウンで寄り付いた場合

　19040円を割り込むと60分足15分足両方の分足で下降トレンドとなります。つまり下有利な状況であり売りだけを考えていけば良いチャートになります。下への力に勢いがつきますので寄り付きから戻さずに更に下の動きになる可能性がありますので、寄り付きから上昇しないことが確認できればそこからの下落を売ります。

明日はこんな感じで見ていくことにします。

【FXのシナリオ】…スウィングなら買い、デイなら売り

　ここからはFXのチャートから見てみましょう。

　チャートソフトはメタトレーダー4（MT4）を使用しています。

　チャートはドル円で、16時30分頃のものになります。

　考え方、トレンド判断は、225先物と同じように考えることができます。

　225先物では、15分足、60分足を使用していますがFXでは、1時間足、4時間足を採用しております。

　それぞれのトレンド判断を見ていきます。

1. ピーク・ボトムによるトレンド判断。

　高値安値切り上げは、上昇トレンド

　高値安値切り下げは、下降トレンド

　高値切り上げ、安値切り下げ

　または

　高値切り下げ、安値切り上げは、トレンドレス

　ピーク・ボトムの特徴は、なんといってもわかりやすいこと。そして価格の動きそのものですので、重要です。

　次ページのピーク・ボトム合成図をご覧ください。

(図72) ピーク・ボトム合成図

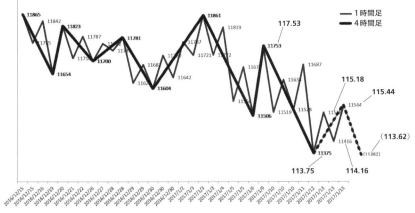

4時間足

　高値　117.53 − 115.44（未確定）　/　安値　113.75 − 113.62（未確定）

　高値切り下げ、安値切り下げの下降トレンド。

　113.75円のボトムを付けた後の動きでは、3本高値平均と3本安値平均の計算によるピークとボトムは確定していません。しかし、115.44円からの下落で直近安値の113.75円を割り込み113.62円まで下落していますので、今後付けるボトムが113.75円よりも安くなることが確定しています。そうなると115.44円がピークとして確定することも決まっていることになります。よって高値の115.44円と安値の113.62円は未確定ではありますが、ピークとボトムということになります。

1時間足

　高値　115.18 − 115.44　/　安値　114.16 − 113.62（未確定）

　高値切り上げ、安値切り下げのトレンドレスですが、2つ前の安値も切り下げているので実質下降トレンド。

　トレンドレスになっていますが、2つ前の安値も切り下げているということは、それだけ下落力が強いということになります。つまり、下落力が強いために戻しらしい戻しがないまま下落しているということです。よってこの動きであればトレンドレスではなく下降トレンドと判断することになります。

2. 価格と移動平均線との関係によるトレンド判断

　今の価格が75本移動平均線の上にあるのか、下にあるのかを見ます。

　移動平均線というのは、その期間の平均値ですので価格が移動平均線より上の時は、その期間の買い方は、利益になっており、売り方は、損失になっています。つまり価格が移動平均線より上なら上有利と判断できます。逆に価格が移動平均線より下なら下有利と判断できます。

　あとは、移動平均線の傾きを考慮してみていきます。右肩上がりになっていれば強い動きで、右肩下がりになっていれば弱い動きです。また、傾きがきついほどトレンドが強いといえます。

（図73）4時間足チャート

(図74)1時間足チャート

　価格と移動平均線との関係によるトレンド判断は、75本移動平均線より上か下かで判断します。

　4時間足は価格が75本移動平均線の下にあり、下有利で下降トレンド。

　1時間足も価格が75本移動平均線の下にあり、下有利で下降トレンド。

　これらを元に総合的に判断をしてみましょう。

4時間足のトレンド判断

　ピーク・ボトムによるトレンド判断は下降トレンド。価格と移動平均線との関係によるトレンド判断は下降トレンド。

1時間足のトレンド判断

　ピーク・ボトムによるトレンド判断は下降トレンド。価格と移動平均線との関係によるトレンド判断は下降トレンド。

　ここで日足も見ておきましょう。

（図75）日足チャート

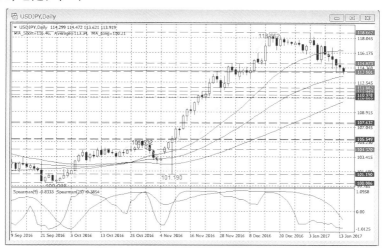

　高値切り上げ安値切り上げの上昇トレンド。為替価格は75本移動平均線の上にあります。日足は上昇トレンドにおける短期下落波動ということになります。つまり上昇トレンドにおける調整の動きということです。日足は先週金曜と同じで調整継続の動きです。118.86円までの上昇に対する調整ですね。そしてその調整が25本移動平均線で下げ止まらずに25本移動平均線と75本移動平均線の間まで下がっています。

　スウィングトレードではこの下落が止まった後の上昇を買うことになります。ボトムらしさが高まってくれば買うポイントになります。スウィングトレードでは買いを考えていくのですがデイトレでは売りを考えていけるチャートです。なぜならばすべての時間足が下を向いて揃っているので下有利ということになるからです。

　現在は115.44円までの戻しからの下落となっていますので、ここから追いかけて売るのはリスクが高くなります。売るのはしっかりと調整を待ってからにしたいですね。できれば4時間足直近安値である113.75円を割り込むのを確認した後の短い時間軸の調整（戻し）を待ってから売りたいですね。

Trade Training Day 7
７日目（2017年1月17日）

【本日のコラム】…相場に嫌われる人の特徴

【本日の売買】…売り場を探していたら急落！

【明日のシナリオ】…５分軸から15分軸の調整への移行を想定

【FXのシナリオ】…上昇トレンドにおける調整の動き終了か

【本日のコラム】…相場に嫌われる人の特徴

　イソップ寓話に「樫の木と神様」という話があります。ある日、畑の近くに生えていた樫の木が神様に不満を申し立てました。「神様！　私は農民から嫌われ、枝を斧で切られるなどして、酷い目に遭っています。私はこんな目に遭うために生まれたのですか？」すると、神様はこう答えました。

　「お前は何か勘違いしているようだな。お前の境遇は自分自身で招いたものだ。もし、農民に切られるのが嫌だったら、自分の性質を変えることだ」

　こう言われて樫の木は反省しました。言われてみれば、枝をどんどん伸ばすために、畑が日陰になって作物に悪い影響を与えてしまっていたからです。作物を守るために、農民は仕方なく樫の木の枝を切っていたのです。

　この話は人間関係に置き換えると、相手のあなたに対する態度は、あなたの相手に対する態度そのものです。つまり、あなたを嫌っている相手がいるとしたら、それはあなたが相手のことを嫌っているからだということです。

　これは相場にも当てはまるのではないでしょうか。

　あるトレーダーが相場の神様に不満を申し立てました。「神様！　私は一生懸命にトレードをしているのにいつも損ばかりしています。私は相場から嫌われているのでしょうか」。すると、相場の神様はこう答えました。

　「お前は何か勘違いしているようだね。お前の境遇は自分自身で招いたものだ。相場で損するのが嫌だったら、自分の性質を変えることだ」。こう言われてトレーダーは反省しました。

　相場から嫌われていると思っていたのは真剣に相場の勉強をせずにトレードをしていたからです。真剣に勉強もしないで相場で儲かるはずがありません。相場というのはギャンブルではなく仕事です。仕事でお金を稼ぐのに、その仕事の勉強もせずにやったってお金を得られるはずがありません。ラーメン屋さんだって、何年も修行をして自分の店を構えます。

　医者だって、6年間も大学の医学部で勉強をして更にインターンを経て医者になります。トレーダーだけが勉強もせずに儲かることはないのです。相場の

116

知識もないのにお金を貰えるはずがないのです。真剣に相場の勉強をしてはじめてお金を稼ぐことができるようになるのです。

【本日の売買】…売り場を探していたら急落!

　それでは、1月17日の日経225先物の動きを見ていきましょう。
　1月16日の日中引け時点のチャートです。

(図76)60分足チャート

(図77)15分足チャート

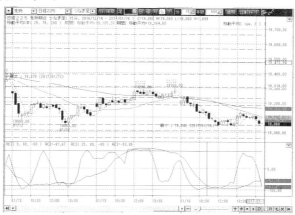

(図78) ピーク・ボトム合成図

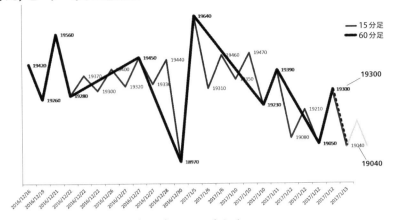

16日のシナリオは次のように書いていました。

--------- 抜粋ここから ---
●今日の終値よりもギャップアップで寄り付いた場合

　15分60分両方の足が下降トレンドで揃っているので下有利です。60分足15分足ともに直近高値は19300円になっています。この19300円を超えると両方の時間軸で下降トレンドが崩れトレンドレスになります。下降トレンドのままでいる限りは売りを考えていっても良いということです。

　そうなると基本19300円を超えるまでは売り場探しとします。ただし、15分足75MAを超えるような寄り付きになると15分足の調整から60分足の調整に移行するのでそれなりの戻しになる可能性があります。中途半端な価格で売るのではなく、しっかり抵抗線を意識して上げ止まったところで売りたいですね。

●今日の終値近辺で寄り付いた場合

　19040円からの戻しは19140円までとなっていて再び19040円を付けています。ここから下落すれば19040円を割り込むことになり15分足は下降トレンドに転換しますので下落に力がつき19000円割れにつながってくるでしょう。19040円を割り込むのを待ってから短い時間軸の調整（戻し）を待って売り場探しとします。

●今日の終値よりもギャップダウンで寄り付いた場合

19040円を割り込むと60分足15分足両方の分足で下降トレンドとなります。つまり下有利な状況であり売りだけを考えていけば良いチャートになります。下への力に勢いがつきますので寄り付きから戻さずに更に下の動きになる可能性がありますので、寄り付きから上昇しないことが確認できればそこからの下落を売ります。

--------- 抜粋ここまで ---

この日の朝の私のブログでは次のように書いています。

http://tuiterusennin.blog109.fc2.com/blog-entry-8056.html

--------- 抜粋ここから ---

15分足は高値切り上げ安値切り下げのトレンドレス。株価は移動平均線の帯の下にあります。15分足はトレンドレス、60分足は下降トレンドという動きです。総合的に考えて下有利であり売りをメインに考えていけるチャートです。

15分足は19000円より少し上でサポートされているような動きです。19040円からの動きは19140円まで上昇して再び19040円まで下落しています。今後19040円を割り込むとトレンドレスから下降トレンドに転換しますので19040円というのは重要なポイントになってきます。ナイトセッションの引け値が19050円でCMEから考えてもナイトセッション引け近辺での寄り付きになってきそうです。まずは19040円を割り込むのを確認しましょうか。19040円を割り込んでから戻しが弱ければ売り場探しとしましょうか。

--------- 抜粋ここまで ---

19050円での寄り付きとなりました。19040円を割り込むのを待ってから売り場探しということになります。寄り付き後は19070円を見てから9時過ぎに急落し、ポイントである19040円を割り込み、一気に18820円まで下落しました。19040円を割り込めば売り場探しでしたが、下落に勢いがあり、売り場を探すことができませんでした。

勢いのある動きになっても追いかけてエントリーするとロスカットが離れてしまいます。また勢いのある動きは急に反発することもあります。そうなるとすぐにロスカットにかかってしまい、建玉すべてをストレートでのロスカットをすることになり、大きな損失を被ることになります。追いかけて売ってはい

けないのですね。次のチャンスを待てばいいのです。相場は逃げませんから。
　９：15のブログでは次のように書いています。
http://tuiterusennin.blog109.fc2.com/blog-entry-8057.html
---------抜粋ここから---
　19050円での寄り付きとなりました。9時過ぎから急落となり18910円まで。ポイントである19040円を一気に割り込んで18000円台になっています。これで下への動きが明確になったようですので、5分足の調整からの下落を売るという方針で見ていきます。
---------抜粋ここまで---

（図79）当日の売買譜チャート

　18820円からは反発し5分足75本移動平均線のすぐ下である19030円まで戻しました。18820円までの下落に対する5分足の調整ということになります。19030円は15分足では25本移動平均線のすぐ下に当たります。5分足の調整であるならば75本移動平均線を上抜かずに再下落となってきます。この動きを売るということになりますね。
　ここではチャートは載せていませんが19030円はナイトセッションチャートでも5分足15分足ともに抵抗になる価格帯ですね。日中足チャートでもナイトセッションチャートでも抵抗になる価格帯ですから、ここからの下落は売り

のポイントになります。19030円からの下落を18980円でmini100枚売り。ロスカットは19040円。19030で止められて下落となったということは、19030円を超えてくると下への動きを否定することになるので、19030円をブレイクした価格をロスカットとしています。

エントリーから1時間経過しても利食いになりませんでしたが昼休みの時間帯に入っているのでそのまま持続。エントリー後、利食いになるときというのは15分から20分もすれば1回目の利食いができることが多いのです。エントリー後、なかなか利食いにならないというのは、エントリーが早すぎたと考えられます。

ただし、現物の昼休み時間では日経225先物も出来高が少なくなり値動きがおとなしくなります。よって昼休みの時間帯は少し余裕を持って見ていたほうがいいのです。昼休み明けから下落してきました。

18950円で1回目の利食い30枚。残り70枚。18920円で2回目の利食い30枚。残り40枚。18890円で3回目の利食い20枚。残り20枚。18850円で4回目の利食い10枚。残り10枚。18800円で5回目の利食い5枚。残り5枚。5枚はナイトセッションに持ち越しとなりました。

ナイトセッションでは下落が継続し20：45には18650円まで下落しました。その後は戻りに入りましたので18650円から100円上の18750円が付いた時点で残り5枚を利食いして終了としました。

【本日の結果】

18980円　　mini100枚売り

18950円　　　30枚返済　　＋30円×30枚＝＋90,000円

18920円　　　30枚返済　　＋60円×30枚＝＋180,000円

18890円　　　20枚返済　　＋90円×20枚＝＋180,000円

18850円　　　10枚返済　　＋130円×10枚＝＋130,000円

18800円　　　5枚返済　　　＋180円×5枚＝＋90,000円

18750円　　　5枚返済　　　＋230円×5枚＝＋115,000円

合計損益　　＋785,000円

【明日のシナリオ】…5分軸から15分軸の調整への移行を想定

1月17日の引け後の日中チャートの状況です。
それぞれのトレンド判断を見ていきます。

1．ピーク・ボトムによるトレンド判断
（図80）ピーク・ボトム合成図

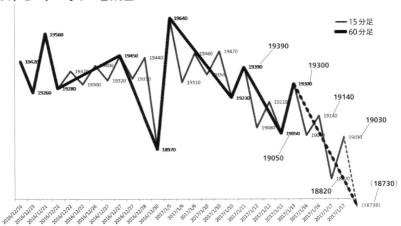

60分足
　高値　19390 − 19300　／　安値　19050 − 18730（未確定）
　高値切り下げ、安値切り下げの下降トレンド。
15分足
　高値　19140 − 19030 ／　安値　18820 − 18730（未確定）
　高値切り下げ、安値切り下げの下降トレンド。

2．株価と移動平均線との関係によるトレンド判断

（図81）60分足チャート

（図82）15分足チャート

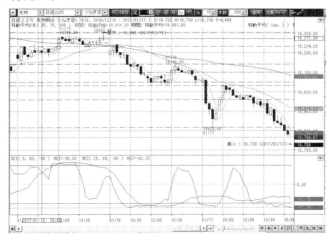

60分足は株価が75本移動平均線の下にあり、下有利で下降トレンド。
15分足も株価が75本移動平均線の下にあり、下有利で下降トレンド。
これらを元に総合的に判断してみましょう。

60分足

　下降トレンド

　下降トレンド

15分足

　下降トレンド

　下降トレンド

　安値更新となりすべてのトレンド判断が下降トレンドで揃っています。

　相場の原理原則は次のようなものでした。

●上昇トレンドの時は買いのみをする。

●下降トレンドの時は売りのみをする。

●トレンドレスの時はなにもしない。

　現在はすべてのトレンド判断が下で揃っているので下有利であり下降トレンドです。つまり、デイトレは売りのみを考えていけばいいチャートです。すべてのトレンド判断が下で揃っている場合は売りのみを考え買いを考えることはしません。ただし、基本の売買が身につけば応用の売買で買うこともあります。

　ここで日足も見てみましょう。

(図83) 日足チャート

19640円からの日足の調整が続いています。株価は25日移動平均線と75日移動平均線の中間まで下落してきました。昨年11月の安値16090円から1月の高値19640円までは3550円の上昇でした。19640円から今日の安値18730円までは910円の下落になっています。3550円の上昇に対して910円の調整ですから25.6％の調整です。まだ1/3押しにも達していませんね。

　19640円からの日数は7日が経過しています。日数的にはもう数日調整があっても良さそうです。ボトムらしさのポイントが高くなるのを待ってからスウィングトレードの買いを考えることになります。

　ここで、今日は調整について考えてみましょうか。調整というのは短い時間軸から始まります。すべての時間軸において上昇トレンドだと考えてみましょう。

5分足）上昇　15分足）上昇　60分足）上昇　日足）上昇

　こうなりますね。この状態では一番短い時間軸である5分足の調整を考えていきます。

★上昇トレンドにおける5分足の調整の定義

定義1（5分軸の調整）

1）5分足の75本移動平均まで下がって高値更新する

2）5分足のオシレーターが売られすぎになって、陽転し上昇、高値更新する

　このどちらかであれば、5分軸の調整と言えます。もちろん、このことは高値更新してから確定することなので調整中は、5分軸の調整とみなして対応することになります。

※移動平均は75本と書いていますが、上下幅を持たせて考えてください。

少し超えたり届かなかったりしてもだいたいで判断すればOKです。（以下同様）

定義2（5分軸の調整ではない）

1）5分足の移動平均を大きく下回った

2）5分足の75本移動平均まで下がったが、上昇しない

3）5分足の75本移動平均まで下がった後、上昇したが高値更新できない

4) 5分足のオシレーターが売られすぎになっても上昇しない

5) 5分足のオシレーターが売られすぎの後、上昇したが高値更新できない

　この動きになれば、5分軸の調整ではなく次の15分足軸の調整であると判断します。多くなりましたが基本は簡単です。「5分軸の調整であるならば、必ず高値を更新しなければいけない。そうでないならば、15分足以上の調整である」

　定義2の動きになれば5分足の調整は否定されますので、

5分足）下落　15分足）上昇　60分足）上昇　日足）上昇

　このようになります。こうなったら15分足の調整に移行します。

★上昇トレンドにおける15分足の調整の定義

定義1（15分軸の調整）

1) 15分足の75本移動平均まで下がって高値更新する

2) 15分足のオシレーターが売られすぎになって、陽転し上昇、高値更新する

　このどちらかであれば、15分軸の調整と言えます。もちろん、このことは高値更新してから確定することなので調整中は、15分軸の調整とみなして対応することになります。

※移動平均は75本と書いていますが、上下幅を持たせて考えてください。

少し超えたり届かなかったりしてもだいたいで判断すればOKです。（以下同様）

定義2（15分軸の調整ではない）

1) 15分足の移動平均を大きく下回った

2) 15分足の75本移動平均まで下がったが、上昇しない

3) 15分足の75本移動平均まで下がった後、上昇したが高値更新できない

4) 15分足のオシレーターが売られすぎになっても上昇しない

5) 15分足のオシレーターが売られすぎの後、上昇したが高値更新できない

　この動きになれば、15分軸の調整ではなく次の1時間軸の調整であると判断します。多くなりましたが基本は簡単です。「15分軸の調整であるならば、必

ず高値を更新しなければいけない。そうでないならば、1時間足以上の調整である」。1時間軸以上の調整になれば、次は日足軸の調整です。

定義2の動きになれば15分足の調整は否定されますので、

5分足）下落　15分足）下落　60分足）上昇　日足）上昇

このようになります。

こうなったら1時間足の調整に移行します。1時間足以降も同様になります。下降トレンドについてはこれらの逆になります。すべての時間軸において下降トレンドだと考えてみましょう。

5分足）下落　15分足）下落　60分足）下落　日足）下落

こうなりますね。この状態では一番短い時間軸である5分足の調整を考えていきます。

★下降トレンドにおける5分足の調整の定義
定義1（5分軸の調整）
1）5分足の75本移動平均まで上がって安値更新する
2）5分足のオシレーターが買われすぎになって、陰転し下落、安値更新する

このどちらかであれば、5分軸の調整と言えます。もちろん、このことは安値更新してから確定することなので調整中は、5分軸の調整とみなして対応することになります。
※移動平均は75本と書いていますが、上下幅を持たせて考えてください。少し超えたり届かなかったりしてもだいたいで判断すればOKです。（以下同様）

定義2（5分軸の調整ではない）
1）5分足の移動平均を大きく上回った
2）5分足の75本移動平均まで上がったが、下落しない
3）5分足の75本移動平均まで上がった後、下落したが安値更新できない
4）5分足のオシレーターが買われすぎになっても下落しない
5）5分足のオシレーターが買われすぎの後、下落したが安値更新できない

この動きになれば、5分軸の調整ではなく次の15分足軸の調整であると判断します。多くなりましたが基本は簡単です。「5分軸の調整であるならば、必ず安値を更新しなければいけない。そうでないならば、15分足以上の調整である」

　定義2の動きになれば5分足の調整は否定されますので、

5分足）上昇　15分足）下落　60分足）下落　日足）下落

　このようになります。

　こうなったら15分足の調整に移行します。

★下降トレンドにおける15分足の調整の定義

定義1（15分軸の調整）

1）15分足の75本移動平均まで上がって安値更新する

2）15分足のオシレーターが買われすぎになって、陰転し下落、安値更新する

　このどちらかであれば、15分軸の調整と言えます。もちろん、このことは安値更新してから確定することなので調整中は、15分軸の調整とみなして対応することになります。

※移動平均は75本と書いていますが、上下幅を持たせて考えてください。

少し超えたり届かなかったりしてもだいたいで判断すればOKです。（以下同様）

定義2（15分軸の調整ではない）

1）15分足の移動平均を大きく上回った

2）15分足の75本移動平均まで上がったが、下落しない

3）15分足の75本移動平均まで上がった後、下落したが安値更新できない

4）15分足のオシレーターが買われすぎになっても下落しない

5）15分足のオシレーターが買われすぎの後、下落したが安値更新できない

　この動きになれば、15分軸の調整ではなく次の60分足軸の調整であると判断します。多くなりましたが基本は簡単です。「15分軸の調整であるならば、必ず安値を更新しなければいけない。そうでないならば、60分足以上の調整

である」

　定義2の動きになれば15分足の調整は否定されますので、

5分足）上昇　15分足）上昇　60分足）下落　日足）下落

　このようになります。

　こうなったら60分足の調整に移行します。調整の動きを考えながらシナリオを作成することになります。

　これらを踏まえて明日1月18日の方針を考えてみましょう。

●今日の終値よりもギャップアップで寄り付いた場合

　15分60分両方の足が下降トレンドで揃っているので、基本60分足直近高値である19300円を超えるまでは売り場探しとします。15分足75本移動平均線もかなり上にあるので抵抗帯での売りを考えます。（5分足75MAは18900円近辺にあります。ここを上に抜けるまでは5分足の調整として対応します）。

　売る場合は抵抗帯で売るのが基本です。買う場合は支持帯で買うのが基本です。

※参考　支持と抵抗については『幸せなお金持ちになるための日経225先物必勝トレード術』50ページから54ページをご覧ください。

●今日の終値近辺で寄り付いた場合

　すべての分足のトレンドが下で今日は安値引けでした。安値引けということは、もうすでに、かなり下がっているので、ここから売った場合は、さらに下がらないと利益にならないということです。

　私の手法は次のようなものです。

1. トレンドを確認する。
2. 調整を待つ。
3. トレンド方向に戻る時にエントリーする。

　安値引けというのは、調整からトレンド方向に戻り下がってしまっている状態です。つまり、ここからの売りは追っかけ売りになり利益になる可能性が低いトレードになるのです。よって、今日の終値近辺で寄り付いた場合は、売りのみを考えていきますが、調整を待ってからの売り場探しにしたいと思います。

まずは一番短い時間軸である5分足の調整から考えていくことになります（5分足75本移動平均線は18900円近辺にあります。ここを上に抜けるまでは5分足の調整として対応します）。

●今日の終値よりもギャップダウンで寄り付いた場合

　日足の本格的な調整になっていますので、まだまだ下への動きが続く可能性が高いでしょう。下で寄り付いて更に下という動きも考えられます。安値引けから更に安い価格で翌日寄り付くと前日の安値引けを肯定する動きになり売りが加速してきます。よって、このような場合は調整を待っていても調整にならずにそのまま下落することになります。押し目待ちに押し目なし、戻り待ちに戻しなし、ということですね。

　ですからこの場合は、寄り付きから上昇しないことを確認して下落する場面を売ります。寄り付きから上昇したとしても単なる戻しになるので、戻し終了からの下落を売るという方針になります。その場合は一番短い時間軸である5分足の調整から考えていくことになります。

　明日はこんな感じで見ていくことにします。

【FXのシナリオ】…上昇トレンドにおける調整の動き終了か

　ここからはFXのチャートを見てみましょう。

　チャートはドル円で、16時30分頃のものになります。

　それぞれのトレンド判断を見ていきます。

1. ピーク・ボトムによるトレンド判断

(図84) 4時間足と1時間足のピーク・ボトム合成図

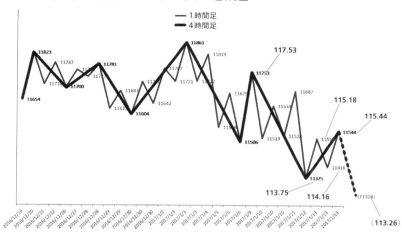

4時間足

　　高値　117.53 － 115.44　／　安値　113.75 － 113.26（未確定）

　　高値切り下げ、安値切り下げの下降トレンド。

1時間足

　　高値　115.18 － 115.44　／　安値　114.16 － 113.26（未確定）

　高値切り上げ、安値切り下げのトレンドレスですが、2つ前の安値も切り下げているので実質下降トレンド。

2. 価格と移動平均線との関係によるトレンド判断

(図85) 4時間足チャート

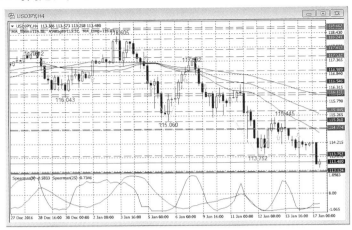

(図86) 1時間足チャート

75本移動平均線より上か下で判断します。

4時間足は価格が75本移動平均線よりも下にありますので下降トレンド。

1時間足も価格が75本移動平均線よりも下にありますので下降トレンド。

これらを元に総合的に判断をしてみましょう。

4時間足のトレンド判断

ピーク・ボトムによるトレンド判断は下降トレンド。価格と移動平均線との関係によるトレンド判断は下降トレンド。

1時間足のトレンド判断

ピーク・ボトムによるトレンド判断は下降トレンド。価格と移動平均線との関係によるトレンド判断は下降トレンド。

ここで日足も見ておきましょう。

（図87）日足チャート

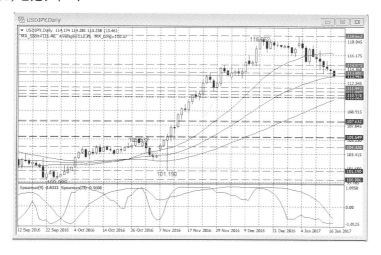

高値切り上げ安値切り上げの上昇トレンド。為替価格は75本移動平均線の上にあります。短期波動は118.86円のピークが確定しているので下落波動。現在の日足は上昇トレンドにおける短期下落波動ということになります。上昇トレンドにおける調整（押し目）の動きということです。118.86円からだいぶ調整が進んできましたね。25本移動平均線と75本移動平均線の中間までの調整になっています。

RCIも売られすぎになってきています。そろそろ調整終了を意識し始めてもいいですね。ここから下げ止まった後の上昇はスウィングトレードでの買い場

になってきます。

　デイトレでは時間軸のトレンド判断がすべて下降トレンドになっているので引き続き売りを考えていくことになります。

　すべての時間足が下を向いて揃っていて安値更新の動きになっていますので新規で売るのであれば、短い時間軸の調整（戻し）を待って売るということですね。

Trade Training Day 8

8日目（2017年1月18日）

【本日のコラム】…自分の手法に自信がある人とない人の違い

【本日の売買】…売りエントリーの流れとタイミングに則って売買

【明日のシナリオ】…相場の基本、戻り売りを想定

【FXのシナリオ】…デイトレは、1時間軸の調整からの
　　　　　　　　　　下落を売るパターンか

【本日のコラム】…自分の手法に自信がある人とない人の違い

イソップ寓話に「ザクロとリンゴといばら」という話があります。ザクロの木とリンゴの木、どちらの実が立派かといってけんかをしました。けんかがはげしくなったときに、そばにあった垣根のイバラが、それを聞いてこう言いました。

「さあさあ、二人とも、けんかはやめようじゃありませんか」。ザクロもリンゴも立派な実をつけます。でも、いばらには実がなりません。実のならないいばらから見れば、ザクロもリンゴもそれぞれいいものを持っていると感じます。

第三者から見るとそれぞれの価値がわかるのですが、本人たちにしてみるとそれがわからないのです。ザクロとリンゴがそれぞれ自分の良さを認めて自分自身を磨いていけば、更に良い実がなるのではないでしょうか。どちらの価値が高いかということを競うのではなく、それぞれの良さを伸ばしていけばいいのです。

相場に参加する人にもこれと同じことが当てはまるのではないでしょうか。順張りトレーダーと逆張りトレーダーがいました。二人とも年間数百万円の利益を得ていました。しかし、二人ともに年間で1億円の利益を目指しています。それぞれが、自分の手法が一番だ。この手法が年収1億円に一番近い手法だと言って譲りません。順張りと逆張りですから、絶対に意見が合うことはありません。それを見ていた相場初心者が言いました。

「二人ともに年間数百万円という大きな利益を得ているではないですか」。「私なんて、相場に参加しても損するばかりで儲かることがありません」。「そして、どんな手法がいいのかさえもわかっていないのです」。「私から見れば二人とも素晴らしい手法を持っておられると思いますよ」。

この順張りトレーダーも逆張りトレーダーも心の底では自分の手法が一番だとは思っていないのです。利益を出してはいますが、もっと良い手法があるのではないかと思っているのです。1億円を目指しているのに数百万円しか稼げていないのですから当然ですね。本当に自分の手法が一番だと思っていればお互いに争うことなんてありません。自分の手法を淡々と続けていけばいいだけ

136

なのですから。

　二人とも、自分の我を通しているから喧嘩になるのです。本当は自分に自信がないから喧嘩になるのです。自分の手法を信じている人はもっと心安らかに生きています。争うことはしません。そして自分の手法をさらに良くする努力をしています。また、自分の手法を信じている人は年間数百万円ではなく数千万円以上の利益を得ています。

【本日の売買】…売りエントリーの流れとタイミングに則って売買

　それでは、1月18日の日経225先物の動きを見ていきましょう。
　17日の引け時点の日中足チャートです。

（図88）60分足チャート

(図89) 15分足チャート

(図90) ピーク・ボトム合成図

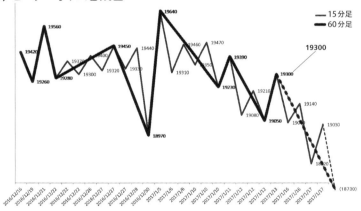

昨日のシナリオでは次のように書いていました。

---------抜粋ここから---
●今日の終値よりもギャップアップで寄り付いた場合
　15分60分両方の足が下降トレンドで揃っているので、基本60分足直近高値である19300円を超えるまでは売り場探しとします。15分足75本移動平均線もかなり上にあるので抵抗帯での売りを考えます。(5分足75MAは18900円近

辺にあります。ここを上に抜けるまでは5分足の調整として対応します）。売る場合は抵抗帯で売るのが基本です。買う場合は支持帯で買うのが基本です。

●今日の終値近辺で寄り付いた場合

　すべての分足のトレンドが下で今日は安値引けでした。安値引けということは、もうすでに、かなり下がっているので、ここから売った場合は、さらに下がらないと利益にならないということです。

　私の手法は次のようなものです。

1. トレンドを確認する。

2. 調整を待つ。

3. トレンド方向に戻る時にエントリーする。

　安値引けというのは、調整からトレンド方向に戻り下がってしまっている状態です。つまり、ここからの売りは追っかけ売りになり利益になる可能性が低いトレードになるのです。よって、今日の終値近辺で寄り付いた場合は、売りのみを考えていきますが、調整を待ってからの売り場探しにしたいと思います。まずは一番短い時間軸である5分足の調整から考えていくことになります（5分足75本移動平均線は18900円近辺にあります。ここを上に抜けるまでは5分足の調整として対応します）。

●今日の終値よりもギャップダウンで寄り付いた場合

　日足の本格的な調整になっていますので、まだまだ下への動きが続く可能性が高いでしょう。下で寄り付いて更に下という動きも考えられます。安値引けから更に安い価格で翌日寄り付くと前日の安値引けを肯定する動きになり売りが加速してきます。よって、このような場合は調整を待っていても調整にならずにそのまま下落することになります。押し目待ちに押し目なし、戻り待ちに戻しなし、ということですね。ですからこの場合は、寄り付きから上昇しないことを確認して下落する場面を売ります。寄り付きから上昇したとしても単なる戻しになるので、戻し終了からの下落を売るという方針になります。その場合は一番短い時間軸である5分足の調整から考えていくことになります。

---------抜粋ここまで---

　この日の朝の私のブログでは次のように書いています。

http://tuiterusennin.blog109.fc2.com/blog-entry-8061.html
---------- 抜粋ここから --

　両方の足が下を向いて揃っている状態です。株価も移動平均線の帯の下にあり弱い動きです。昨日は安値引けとなり、ナイトセッションでも上昇させることができませんでしたので引き続き下を見ていくことになりますね。まずは一番短い時間軸である5分足の調整から考えていくことになります。安値引けですから5分足の調整を待って、調整終了からの下落を売るという方針で見ていきます。

---------- 抜粋ここまで --

（図91）当日の売買譜チャート

　18770円での寄り付きになりました。昨日の終値から40円上での寄り付きです。60分足直近高値である19300円を超えるまでは売りを考えていきます。
　寄り付きからの戻しを見ながら抵抗帯まで調整が進んだら抵抗帯からの下落を売るという方針です。9時過ぎに18730円を見てから18820円までの上昇となりました。寄り付き時点では5分足を含めすべての時間軸が下降トレンドで揃っていましたので、この上昇は一番短い時間軸である5分足の調整であると考えられます。
★5分足の調整の定義は次のようなものでした。

定義1（5分軸の調整）

1）5分足の75本移動平均まで下がって高値更新する

2）5分足のオシレーターが売られすぎになって、陽転し上昇、高値更新する

　このどちらかであれば、5分軸の調整と言えます。もちろん、このことは高値更新してから確定することなので調整中は、5分軸の調整とみなして対応することになります。

※移動平均は75本と書いていますが、上下幅を持たせて考えてください。少し超えたり届かなかったりしてもだいたいで判断すればOKです。（以下同様）

　基本は75本移動平均線を元に考えますが、弱い動きの場合は75本移動平均線まで戻らずに25本移動平均線で戻しが終了します。

　9：15の足では18820円を付けました。18820円は5分足25本移動平均線のすぐ下に当たります。株価はここで上げ止まり下落再開となりました。5分足の調整終了の動きです。18820円で上げ止まらずにそのまま上に行くのであれば75本移動平均線までの調整を考えていくことになります。18820円で上げ止まったというのは後になってわかることであり、その場では上げ止まったという判断はできませんね。

　上げ止まる可能性が高くなったという判断だけが可能なのです。15分足では昨日の10：45の19030円の足から21本が経過しています。統計から考えるとボトムがでてもおかしくない本数です。ボトムが出ることになると、それ以降ある程度上昇が続く可能性が高くなります。上昇が続くのであれば売っても利益になる可能性は低くなります。これらの理由から18820円から少し下げただけでは売ることはできませんでした。ここは様子見です。

　15分足2本目の足で昨日の安値18730円と同値になり、翌足で18720円を付けました。これにより、18820円までの上昇でボトムが出る可能性はなくなり、下落波動が継続することになりました。下への動きに戻った可能性が高くなったので18720円でmini50枚売り。ロスカットは18830円。

　エントリー枚数を少なめにした理由はロスカットまでの価格が離れていること。5分足の調整という感覚ではなく、昨日の安値を割り込んだという理由で

売っているため。（ブレイクでのエントリーになっているため）

　エントリーの方法は次の通りでした。

(図92) 買いエントリーの流れとタイミング

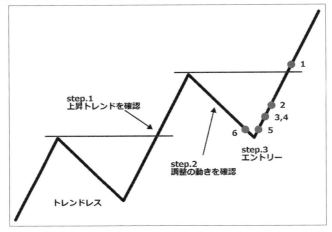

(図93) 売りエントリーの流れとタイミング

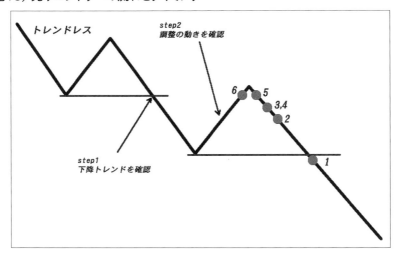

エントリーの方法には次の6つの方法がありました。

売りの場合

1. 直近の安値を突破する（ブレイクエントリー）

2. メインの足のブレイクを待つ（15分足をメインで見ているならその足のブレイク）

3. 短い足のブレイクを待つ（メインよりも短い時間軸のブレイク）

4. 30円動いて20円の指値（高値から30円下落後、その10円上で指値）

5. 20円動いて10円の指値（高値から20円下落後、その10円上で指値）

6. 指値で待っておく（上げているところを指値で待つ）

　この中で基本としてお伝えしているのは2番と3番です。

　それぞれの特徴は、

1. 直近の安値を突破する（ブレイクエントリー）

　直近の安値のブレイクを持ってトレンド方向に動き出したと判断するということです。直伝之書に書きましたが、ここまで待つと遅いということでしたね。**※直伝之書とは、相場塾会員さん向けに配布している教科書です。**

　ブレイクのエントリーはロスカットが遠くなります。なので、初心者は損失を受け入れてロスカットができずに損失が更に大きくなったり、ナンピンになったりと、どんどん深みにはまってしまうのですね。

2. メインの足のブレイクを待つ（15分足をメインで見ているならその足の（ブレイク）

　足の安値ブレイクをエントリー条件にする方法です。足のブレイクをトレンド再開の合図にすることによって、早くエントリーしようとする方法です。足のブレイクをするだけの動きを確認してからになるので、心理的にもエントリーしやすく調整完了と思ったらまだ調整だったというだましの確率が減ります。

3. 短い足のブレイクを待つ（メインよりも短い時間軸のブレイク）

　3は、2よりも短い足のブレイクを利用する方法です。2より早くエントリーできることになるので、2よりもロスカットが小さくできます。こちらもブレイクを合図にするので心理的にエントリーしやすいです。ただしだましにあう

確率は、2よりも高くなります。

4. 30円動いて20円の指値（高値から30円下落した後、その10円上で指値）

4は、ブレイクではなく、価格の動きだけでトレンド再開の合図にする方法です。例えば11000円まで調整して10970円が付いた時に、10980円で指値をするということです。したがって、高値から20円下で売ることになります。ロスカットは11000円が高値でなかったときになるので11010円がロスカットになり30円がロスカット幅ですね。これの利点は、ロスカットになっても小さな損失で済むということです。ただし、高値と判断する精度が低いとだましが多くなります。

5. 20円動いて10円の指値（高値から20円下落後、その10円上で指値）

5は、4よりもさらに10円高く売る方法です。これは上級者用です。5のエントリーになると、20円の反落だけでエントリーになるのでどちらかというと逆張りの部類になります。大きいトレンドは、順張りですが、エントリーが逆張りということですね。ただしこの後の6番と違い、20円の確認があるので一気に買われる場合は見送りになりますし、板の状況、その時の場味などを加味することができます。最小限の確認はできるということですね。

6. 指値で待っておく（上げているところを指値で待つ）

こちらも上級者用です。6は完全に逆張りですね。ただし大きいトレンドでは順張りですよ。うまくいけば天井で売ることができます。早めに指値を入れておけば、約定の順番も有利になりますね。ただし、指値が届かないと約定しませんし、一気に上がると売ってすぐにロスカットになる危険性があります。

さらに、ロスカットの設定をきっちりしておく必要があります。

今日の売りエントリーは1番に近い形での売りになります。近いと言った意味は、18820円までの戻しはアヤ戻しであり、はっきりと調整の動きを確認するまでには至っていません。少しだけ戻してすぐにトレンド方向に戻ったので下落波動が継続するであろうという判断のもとに売っています。

18720円で売った後は、18690円で1回目の利食い15枚。残り35枚。18660円で2回目の利食い15枚。残り20枚。18630円が付きましたが私の注文には届かず反発してきました。18700円で3回目の利食い10枚。残り10枚。エントリー価格に戻りましたが残りは10枚だけであり、5分足の調整の範囲なので持続

としました。10：45の時点で15分足は3連続陽線となりました。ここから更に上昇すると15分足ではボトムが確定してきます。10：45の足の高値が18750円ですので18760円が付いたら残りの10枚を返済予定としました。18760円が付いたので残りの10枚をロスカットして終了。

※**参考　エントリーポイント**については『幸せなお金持ちになるための日経225先物　必勝トレード術』79ページから85ページをご覧ください。

【本日の結果】

18720円　mini50枚売り

18690円　　15枚返済　＋30円×15枚＝＋45,000円

18660円　　15枚返済　＋60円×15枚＝＋90,000円

18700円　　10枚返済　＋20円×10枚＝＋20,000円

18760円　　10枚返済　＋60円×10枚＝＋60,000円

合計損益　＋215,000円

【明日のシナリオ】…相場の基本、戻り売りを想定

1月18日の引け後の日中チャートの状況です。
それぞれのトレンド判断を見ていきます。

1. ピーク・ボトムによるトレンド判断

次ページのピーク・ボトム合成図をご覧ください。

（図94）ピーク・ボトム合成図

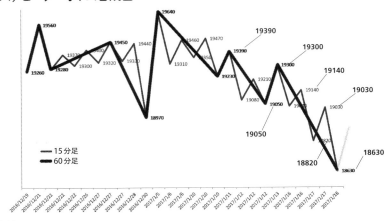

60分足
　　高値　19390 - 19300　/　安値　19050 - 18630
　　高値切り下げ、安値切り下げの下降トレンド。
15分足
　　高値　19140 - 19030　/　安値　18820 - 18630
　　高値切り下げ、安値切り下げの下降トレンド。

2．株価と移動平均線との関係によるトレンド判断
（図95）60分足チャート

（図96）15分足チャート

60分足は株価が75本移動平均線よりも下にあるので下降トレンド。
15分足も株価が75本移動平均線よりも下にあるので下降トレンド。
これらを元に総合的にトレンドを判断してみましょう。

60分足のトレンド判断

ピーク・ボトムによるトレンド判断は下降トレンド。
移動平均線との関係によるトレンド判断は下降トレンド。

15分足のトレンド判断

ピーク・ボトムによるトレンド判断は下降トレンド。
移動平均線との関係によるトレンド判断は下降トレンド。

18630円までの下落の後は調整（戻し）に入っています。現在の調整は5分足の調整を否定しましたので15分足の調整に移行していると考えることができます。15分足の直近高値は19030円になっています。ここを上回ると高値切り上げとなり下降トレンドが崩れます。つまり、19030円を上回るまでは15分足の下降トレンドが続きますので戻り売りを考えていけばいいですね。戻り売りは相場の基本になります。

ここで日足も見てみましょう。

(図97) 日足チャート

今日は陽線になりましたが昨日のローソク足の下半分での動きでした。

更に安値を更新していますので、これでは底打ちであると判断することはできません。ボトムらしさのポイントが高くなるまでは調整（押し）として見ていきます。

※**参考**　ピークらしさボトムらしさの判断については『日経225先物ストレスフリーデイトレ勝利の方程式　改訂版』106ページから108ページをご覧ください。

今年に入ってからの日銀の介入は次の通りになっています。

1月12日　703億円。1月16日　703億円。1月17日　703億円。12日の日経平均は陰線でした。16日の日経平均は陰線でした。17日の日経平均は陰線でした。介入が入った3日間ともに陰線になっています。そして前日比マイナスなんですね。

これは介入が買い方にとってのラッキーな利食いのチャンスになっているということです。日銀が買っても下落するのであれば介入が入らなくなると一気に下への動きが加速してきそうですね。

これらを踏まえて明日1月19日の方針を考えてみましょう。

●今日の終値よりもギャップアップで寄り付いた場合

　下降トレンドの間は売りを考えていきます。19030円は15分足の直近高値です。ここを上回るまでは15分足は下降トレンドのままですので売りを考えていきます。ギャップアップになると15分足75本移動平均線を超えてきますのでしっかりと上げ止まるのを確認したいですね。

●今日の終値近辺で寄り付いた場合

　18930円までの調整からの下落開始になりますので売りを考えていきます。寄り付きから下がると早い時間帯に15分足のピークが確定し下降トレンド継続となります。寄り付きから下がるのであればその動きについていきたいですね。寄り付きから上昇した場合は、まず15分足75本移動平均線より下までの調整からの下落を売る。75本移動平均線を超えてくるのであれば15分足の調整から60分足の調整に移行するのでしっかりと上げ止まるのを確認して抵抗帯で売る。

●今日の終値よりもギャップダウンで寄り付いた場合

　今日の動きが調整となり再下落開始になりますので、下で寄り付いて更に下という動きも考えられます。寄り付きから上昇しないことを確認しての売り。寄り付きから上昇したとしても単なる戻しになるので戻し終了からの下落を売るという方針になります。

　明後日はトランプ大統領の就任式がありますので、多くの参加者が様子見にする可能性があります。そうなると動きが悪くなりそうです。エントリー枚数は少なめにしたいと思います。

　明日はこんな感じで見ていくことにします。

【FXのシナリオ】…デイトレは、1時間軸の調整からの下落を売るパターンか

　ここからはFXのチャートから見てみましょう。

　チャートソフトはメタトレーダー 4（MT4）を使用しています。

　チャートはドル円で、16時30分頃のものになります。

　それぞれのトレンド判断を見ていきます。

1. ピーク・ボトムによるトレンド判断

ピーク・ボトム合成図をご覧ください。

(図98) ピーク・ボトム合成図

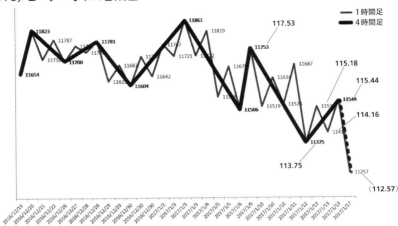

4時間足

　　高値　117.53 - 115.44　/　安値　113.75 - 112.57（未確定）

　　高値切り下げ、安値切り下げの下降トレンド。

1時間足

　　高値　115.18 - 115.44　/　安値　114.16 - 112.57

　　高値切り上げ、安値切り下げのトレンドレスですが、2つ前の安値も切り下げているので実質下降トレンド。

2. 価格と移動平均線との関係によるトレンド判断

　移動平均線は、75本移動平均線より上か下で判断します。

　4時間足は価格が75本移動平均線よりも下にあるので下降トレンド（次ページ）。

　1時間足も価格が75本移動平均線よりも下にあるので下降トレンド（次ページ）。

　これらを元に総合的に判断をしてみましょう。

4時間足のトレンド判断

　ピーク・ボトムによるトレンド判断は下降トレンド。価格と移動平均線との

（図99）4時間足チャート

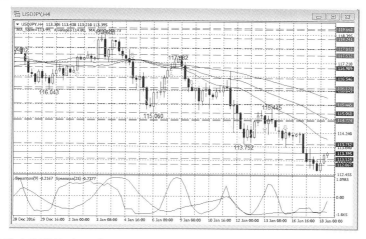

（図100）1時間足チャート

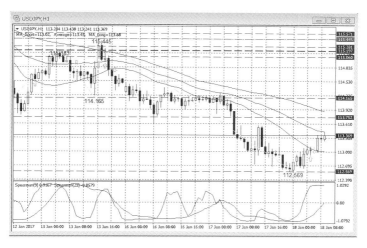

関係によるトレンド判断は下降トレンド。

1時間足のトレンド判断

　ピーク・ボトムによるトレンド判断は下降トレンド。価格と移動平均線との関係によるトレンド判断は下降トレンド。

　ここで日足も見ておきましょう。

（図101）日足チャート

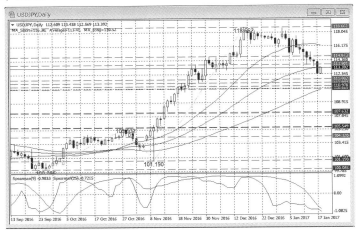

　高値切り上げ安値切り上げの上昇トレンド。為替価格は75本移動平均線の上にあります。日足は上昇トレンドにおける短期下落波動ということになります。上昇トレンドにおける調整の動きということです。

　昨日の陰線の後は少し上昇してきています。118.66円からの日数もだいぶ経過してきたのでそろそろボトムが出てもいい日柄です。このまま上昇し昨日の陰線を否定する上昇になってくると日足の調整終了の可能性が高くなってきます。そろそろ買い場探しになりそうですね。

　4時間足以下の時間軸はすべて下降トレンドになっていますので、デイトレでは引き続き売りを考えていくことになります。すべての時間足が下を向いて揃っていて112.57円の安値から戻しになっています。現在の調整は1時間足の調整であると考えられます。売るのであれば、1時間軸の調整（戻し）からの下落を売るということになります。

Trade Training Day 9

9日目（2017年1月19日）

【本日のコラム】…ナンピンは、ミツバチの毒針と同じ

【本日の売買】…ギャップアップで、トレンドレスに転換

【明日のシナリオ】…ビッグイベントは予測不能。見ているだけか

【FXのシナリオ】…陰線を否定する陽線が出現。調整終了か

【相場塾会員さんからの質問】

---------質問ここから---

　仙人さんの18日のエントリーは、18720円で売りをしています。この日はこれで取引は終了となっています。ですが、この日18630円をつけてから戻し始め14時45分頃に15分足の75MAで止まり二本の陰線がでています。私はここで調整が終了したと考え15分足の二本目の陰線安値である18880円をブレイクで売りました。ここで仙人さんがエントリーしなかった理由を教えてください。よろしくお願いします。

---------質問ここまで---

　2015年3月入塾の会員さんです。

　18日の15分足チャートをご覧ください。

（図102）15分足チャート

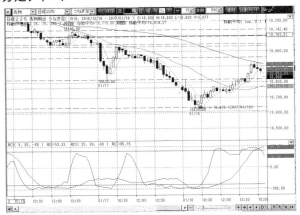

　14：45に18930円を付けています。この価格は15分足では75本移動平均線にあたり抵抗になる価格です。私が売らなかった理由は60分足のボトムが引けの足で確定する可能性が高くなっていて確定すればボトムから4本となりまだ上昇が続く可能性が高いということ。残り時間が少なかったこと。この2つです。

---------質問ここから---

　いつも丁寧なご回答ありがとうございます。

　日々メール1月17日分、18日分の取引についての質問です。

1）1月17日分
---------抜粋ここから---
　19030円からの下落を18980円でmini100枚売り。ロスカットは19040円。エントリーから1時間経過しても利食いになりませんでしたが昼休みの時間帯に入っているのでそのまま持続。昼休み明けから下落してきました。18950円で1回目の利食い30枚。残り70枚。
---------抜粋ここまで---
　相場塾では1時間以上利食いができない場合、一部の玉整理を推奨されていたと思うのですが、今回それをされなかったのは昼休みで動きが元々鈍いと判断されたためでしょうか？　また、もし、今回、昼休みが終わっても暫く利食いができない場合、いつ頃になれば玉整理をされたでしょうか？

2）1月18日分
　本日の取引は、11時30分の足でロスカットにかかり終了されたようですが、その後株価は上昇し、13時30分の15分足では二つ前のボトムの価格である18820円に達しました。60分足、15分足ともに下降トレンドは継続中、14時の足はボトムから15本目の久々の陰線、抵抗価格である18820円からその前の足の安値の18800円を下へブレイクしましたが、図の足で18800円の売りエントリーはできなかったのでしょうか？

（図103）

ただし、結果的にはその後株価は上昇し、ロスカットになってしまいましたが…。

--------- 質問ここまで ---

2013年6月入塾の会員さんです。

1)日々メールに書いていたように昼休みだったので、休み時間があけるのを待ってから玉操作を考えていました。昼休み明けは株価が動くことが多くあります。12：45 〜 13：00くらいまで動かないようであれば玉操作を考えます。

2)15分足のボトム確定に続き、60分足のボトム確定の可能性が高くなっていたので売っていません。

--------- 質問ここから ---

いつも大変お世話になっております。今日のトレードについて質問させて下さい。自分は18820円が抵抗になると思っていて、ここからから下げ始めたかな？　と思い18795円で売りましたが、ストレートのロスカットにかかってしまいました。売った理由は、19030円からの下落幅400円　15分足で24本。上昇幅190円　15分足で15本なら、半値戻しで時間的にもいい頃かと思い。

オシレーターも買われ過ぎ。今日の日々メールでもあった、仕掛けるタイミングが早くダマシになっただけでしょうか？　考え方に抜けや間違えがあれば、ご指導よろしくお願いします。

--------- 質問ここまで ---

2015年2月入塾の会員さんです。

前の質問と同じで15分足のボトム確定に続き、60分足のボトム確定の可能性が高くなっていたので売ることは考えませんでした。18820円は15分足の直近安値ですから抵抗として機能する可能性はあるので抵抗と考えるのは間違いではありませんね。15分足だけを見てシナリオを作成するのではなく、マルチチャートで考えながらシナリオを作成するようにしてくださいね。

【本日のコラム】…ナンピンは、ミツバチの毒針と同じ

イソップ寓話に「ミツバチと神」という話があります。ミツバチが自分の蜜を

人間にとられるのが惜しくなり、神様のところへお願いに行きました。「人間が巣の中にためた蜜を取りに来るので困っています。どうか、ハチの巣に近づく者を脅かすための武器を与えてください」。すると神様は、ミツバチのいうとおりに「毒針」という武器を与えてくれました。しかし、同時にその針を使うと自分も死んでしまうという欠点も与えたのでした。それ以来、ミツバチは毒針を使って人間を懲らしめようとすると、自分も死んでしまうようになりました。

この話は、他人の不幸や失敗を望むといつしか自分にも跳ね返ってくるということを戒めています。または、自分もひどい目に合うことを承知の上で、それでも相手をひどい目に合わせたいと考える執念深い人のことを戒める寓話です。

自らを守るための武器、相場で言うと、それはナンピン買いという手法なのかもしれません。

あるトレーダーが相場に参加すると多くの場合、自分の思惑とは逆の動きになり損ばかりしていました。日経225先物やFXなどの投資はゼロサムゲームなので自分の投資資金が他のトレーダーに取られていると感じていたのです。一生懸命に働いて手にしたお金があっという間に他人に渡ってしまうのはどうしても我慢ができませんでした。そこで相場の神様にお願いに行きました。

「神様、私のお金を他のトレーダーが取っていってしまうのでとても困っています。どうか私の資金を守るための武器を与えてください」。すると相場の神様は、トレーダーのいうとおりに「ナンピン」という武器を与えてやりました。しかし、同時に株価が逆行を続けると資金がなくなり身動きが取れなくなるという欠点も与えたのです。

それ以来、トレーダーはナンピンを使用して自分の資金を守ったつもりでいると実損はないが大きな含み損を抱えて身動きが取れなくなるようになりました。もちろん、新たなトレードは資金がないのでできなくなったのです。

相場初心者は「ナンピン」というのは建玉の平均買い単価を下げることのできる武器だと考えています。しかし、ナンピンというのは相場の原理原則に逆らった売買なのです。

例えばある銘柄を10000円で買ったとします。10000円で買ったということ

Trade Training Day 9 | 157

は、これから上がるだろうと思って買ったのです。しかし、自分の思惑とは逆の動きになるということは自分の考えが間違っていたということです。自分の間違いを認めたくないのでナンピンをするのです。自分の間違いを認めるというのは、自分で自分をバカでマヌケだと認めるようなものだからです。

相場というのは流れの方向にエントリーしなければ利益にならないのです。流れに逆らった方向に売買をしても利益になることはありません。ナンピンとはまさに流れに逆らった売買なのです。ナンピンを続けているとミツバチのように相場の世界から退場してしまうことになります。それは相場人生における死を意味します。

【本日の売買】…ギャップアップで、トレンドレスに転換

それでは、本日1月19日の日経225先物の動きを見ていきましょう。
1月18日の引け時点の日中足チャートです。
（図104）60分足チャート

(図105) 15分足チャート

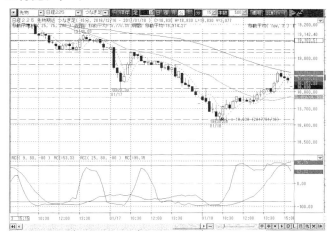

(図106) ピーク・ボトム合成図

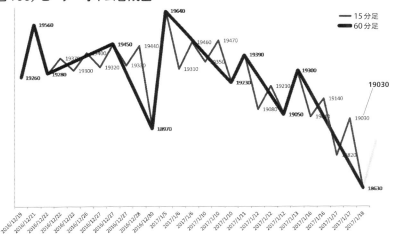

昨日のシナリオでは次のように書いていました。

---------抜粋ここから--

●今日の終値よりもギャップアップで寄り付いた場合

　下降トレンドの間は売りを考えていきます。19030円は15分足の直近高値です。ここを上回るまでは15分足は下降トレンドのままですので売りを考えて

いきます。ギャップアップになると15分足75本移動平均線を超えてきますのでしっかりと上げ止まるのを確認したいですね。

●今日の終値近辺で寄り付いた場合

18930円までの調整からの下落開始になりますので売りを考えていきます。寄り付きから下がると早い時間帯に15分足のピークが確定し下降トレンド継続となります。寄り付きから下がるのであればその動きについていきたいですね。寄り付きから上昇した場合は、まず15分足75本移動平均線より下までの調整からの下落を売る。75本移動平均線を超えてくるのであれば15分足の調整から60分足の調整に移行するのでしっかりと上げ止まるのを確認して抵抗帯で売る。

●今日の終値よりもギャップダウンで寄り付いた場合

今日の動きが調整となり再下落開始になりますので下で寄り付いて更に下という動きも考えられます。寄り付きから上昇しないことを確認しての売り。

寄り付きから上昇したとしても単なる戻しになるので戻し終了からの下落を売るという方針になります。

明後日はトランプ大統領の就任式がありますので、多くの参加者が様子見にする可能性があります。そうなると動きが悪くなりそうです。エントリー枚数は少なめにしたいと思います。

明日はこんな感じで見ていくことにします。

---------抜粋ここまで---

この日の朝の私のブログでは次のように書いています。

http://tuiterusennin.blog109.fc2.com/blog-entry-8066.html

---------抜粋ここから---

両方の足が下降トレンドで揃っています。現在の動きは18630円までの下落に対する調整の動きになっていて、この調整は15分足の調整です。今日の寄り付きはギャップアップになってきそうです。そうなると15分足75本移動平均線の上での寄り付きになり、15分足の調整を否定することになります。寄り付きから60分足の調整になってきますね。

トレードの方針としては、60分足の調整からの下落を売るというのが基本に

なります。60分足75本移動平均線は19200円あたりにあるので、60分足の調整を買いでエントリーする応用の売買も考えることが可能です。寄り付きからの動きが強いのであれば応用の買いを考え、弱ければ60分足の調整からの売りを考えていきましょうか。わかりづらければ見ているだけでもいいと思います。
--------- 抜粋ここまで ---

　19020円での寄り付きになりました。ギャップアップでの寄り付きです。19030円は15分足の直近高値です。19030円を超えなければ売りを考えていくという方針でしたが、寄り付き後19030円を超えましたので様子見に変更です。

　19030円を超えたことにより15分足は高値切り上げになりました。これで下降トレンドからトレンドレスに転換したことになります。60分足では下降トレンド継続ですので60分足の調整からの下落再開を売るという方針になりますが、ギャップアップで寄り付いた後19050円という抵抗も上抜き60分足の75本移動平均線までの調整になる可能性が高くなってきましたのでしっかりと調整終了になるのを見ていきましたが、19110円で上げ止まり18950円まで下落しました。この動きでは売ることができないのでそのまま様子見となり、今日はノーエントリーで終了となりました。

【本日の結果】
　ノーエントリーのため本日の損益は　＋−0円。

【明日のシナリオ】…ビッグイベントは予測不能。見ているだけか

　1月19日の引け後の日中チャートの状況です。
　それぞれのトレンド判断を見ていきます。

1. ピーク・ボトムによるトレンド判断
　次ページのピーク・ボトム合成図をご覧ください。

（図107）ピーク・ボトム合成図

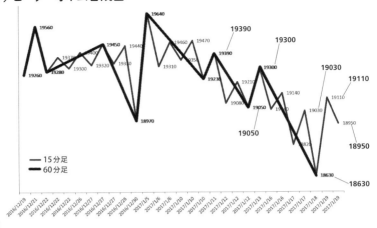

60分足
　　高値　19390 － 19300　/　安値　19050 － 18630
　　高値切り下げ、安値切り下げの下降トレンド。
15分足
　　高値　19030 － 19110　/　安値　18630 － 18950
　　高値切り上げ、安値切り上げの上昇トレンド。

2．株価と移動平均線との関係によるトレンド判断
（図108）60分足チャート

（図109）15分足チャート

60分足は株価が75本移動平均線の下にあるので下降トレンド。

15分足は株価が75本移動平均線の上にあるので上昇トレンド。

これらを元に総合的にトレンドを判断してみましょう。

60分足のトレンド判断

ピーク・ボトムによるトレンド判断は下降トレンド。

移動平均線との関係によるトレンド判断は下降トレンド。

15分足のトレンド判断

ピーク・ボトムによるトレンド判断は上昇トレンド。

移動平均線との関係によるトレンド判断は上昇トレンド。

60分足と15分足が逆のトレンドになりました。今日はギャップアップでの寄り付きとなり一時19000円を割れましたがすぐに戻して高値圏での引けになりました。短い時間軸から上昇転換している形です。

19300円を超えるまでは60分足の調整として考えられますので基本は売りを考えていけるのですが明日はトランプ大統領の就任式があります。ビッグイベントなのでどんな動きになるかわかりません。無理せずに見ているだけでも良さそうですね。

ここで日足も見てみましょう。

(図110) 日足チャート

　日足は火曜日の陰線を否定する上昇になりました。これで調整終了になった可能性が高いですね。この動きが日足の調整終了であるならば、明日以降も上昇して20000円を目指すことになります。明日のトレードはお休みしようと考えています。15分足と60分足が逆を向いているということもありますし、トランプ大統領の就任式は日本時間の夜ですが、その前ということもあり通常の動きとは違う動きになる可能性があります。わからないときは無理してトレードする必要もないでしょう。私達個人投資家は毎日必ず売買をしなければならないということはありません。ノルマというのはないのですね。

　この本を読んでいる多くの方は兼業トレーダーですよね。専業トレーダーは長い時間トレードをしているというイメージがあるようですが、実際の利益を出している専業トレーダーは自分で決めた時間帯以外のトレードをすることは少ないのです。

　兼業でトレードをする場合にも1週間の予定を立て、自分がトレードできる時間を決めておくのです。急に1時間空いたからトレードしようと考えるとエントリー条件に合わない場面でのエントリーをしたくなります。なんとかエントリー

しないと損をすると考えてしまうのです。空き時間にトレードしようとすると迷いが出ることも多くなります。もし、トレード時間と決めた時間外にチャンスが発生したとしてもそのチャンスはスルーするのが良いでしょう。自分の決めた取引時間内にチャンスが来るのを待つという割り切りが大切だと思います。

　自分の決めた時間外でトレードをすると待つことができないと書きました。この待つことというのは個人投資家に与えられた非常に有利な手法なのです。私たちはチャンスが来るまで待ち続けることができるのです。

　ディーラーなどは常にエントリーをして常に利益を上げ続けなければなりません。でも私たち個人投資家は常にエントリーする必要はないのです。利益になる可能性の高い場面だけエントリーすればいいのです。自分の決めた時間だけトレードをすればこの待つという行動がしっかりとできるようになり、利益の増大にもつながるのです。

　もうひとつ兼業トレーダーにとって有利なことがあります。それは、兼業トレーダーは稼がなくてもいいのです。これは逆転的な発想になりますが、兼業トレーダーは稼がなくても問題ないのです。兼業トレーダーをしていて、月に20万円を稼ぐという目標を立てたとします。しかし、この20万円はノルマではありません。稼がなくても本業の収入が別にあるので何が何でも稼がなければならないという状況にはならないのです。

　相場をすることにより心理的に追い込まれる可能性が低いのです。これも優位な点になります。稼がなくても生活ができるというのは心理面において余裕を持つための基本的な考え方です。ただし、儲けるためにトレードをしているのですから目標を達成することは大切です。でも、目標達成を意識し過ぎて妥協したエントリーをしたり無理なエントリーをしたりして結果損を出してしまうのでは元も子もありません。自分の余裕のある時間、余裕のある精神状態でトレードしましょうね。

【FXのシナリオ】…陰線を否定する陽線が出現。調整終了か

　ここからはFXのチャートから見てみましょう。

チャートソフトはメタトレーダー4（MT4）を使用しています。
チャートはドル円で、16時30分頃のものになります。
それぞれのトレンド判断を見ていきます。

1. ピーク・ボトムによるトレンド判断

ピーク・ボトム合成図をご覧ください。

（図111）ピーク・ボトム合成図

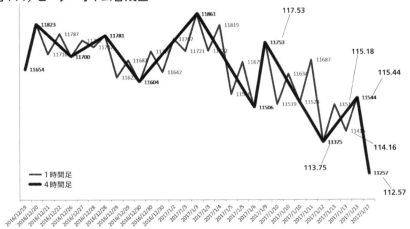

4時間足
　高値　117.53 － 115.44　/　安値　113.75 － 112.57
　高値切り下げ、安値切り下げの下降トレンド。
1時間足
　高値　115.18 － 115.44　/　安値　114.16 － 112.57
　高値切り上げ、安値切り下げのトレンドレスですが、2つ前の安値も切り下げているので実質下降トレンド。

2. 価格と移動平均線との関係によるトレンド判断

（図112）4時間足チャート

（図113）1時間足チャート

移動平均線は、75本移動平均線より上か下で判断します。

4時間足は価格が75本移動平均線よりも下にあるので下降トレンド。

1時間足は価格が75本移動平均線よりも上にあるので上昇トレンド。

これらを元に総合的に判断をしてみましょう。

4時間足のトレンド判断

　ピーク・ボトムによるトレンド判断は下降トレンド。価格と移動平均線との関係によるトレンド判断は下降トレンド。

1時間足のトレンド判断

　ピーク・ボトムによるトレンド判断は下降トレンド。価格と移動平均線との関係によるトレンド判断は上昇トレンド。

　ここで日足も見ておきましょう。

（図114）日足チャート

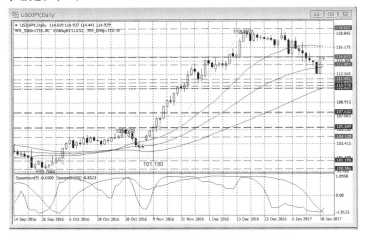

　112.57円から上昇してきて陰線を否定する陽線が出ました。これは調整終了になった可能性が高いですね。スウィングトレードでは買いですね。112.57円からの上昇は114.89円までとなっています。115.44円を上抜くと1時間足、4時間足ともに直近高値を上抜き、高値切り上げになります。短期トレードでは115.44円を上抜き、その後の短い足の調整からの上昇を買うという方針で見ていきます。

Trade Training Day 10

10日目（2017年3月6日）

【本日のコラム】…テクニカルは相場のナビゲーションシステム

【本日の売買】…値幅、時間、移動平均線から反発ポイントを想定

【本日のコラム　その2】…なぜ、波動の統計を取るのか

【明日のシナリオ】…60分足上昇波動転換で、絶好の買い場か

【FXのシナリオ】…応用の売りを狙えるケースではあるが…

【本日のコラム】…テクニカルは相場のナビゲーションシステム

　先週の日曜日は、群馬県の榛名湖というところに梅を見に行ってきました。「榛名梅林」という有名な梅林があるのです。今まで一度も行ったことがないので道がわからないのですね。でも、最近の車には必ずナビゲーションシステムが搭載されています。行き先を入力すると、可愛いお姉さんの声で目的地までの道を案内してくれるのです。お姉さんの顔は見えないのですが、声から察するとかなり可愛い人のようです。(笑)

　曲がる前の数百メートル前から案内をしてくれ、曲がる瞬間にも案内をしてくれます。曲がる所を見落として真っ直ぐに行ってしまったとしても、叱られることなく新しい順路をすぐに教えてくれます。どんな道を通ってでも目的地まで連れて行ってくれるのです。そして目的地に到着すると、「お疲れ様でした」と労いの声までかけてくれるのです。本当に便利な世の中になりましたね。

　私たちの行っている相場でも、このようなナビゲーションシステムがあり、目的地まで連れて行ってくれると楽なんですよね。相場の目的地とは、もちろん年間を通じて大きな利益を得ることです。実は相場にもナビゲーションシステムというものがあるのです。それがテクニカルです。

　テクニカルというナビゲーションシステムはチャートという形で私たちに相場の道筋を教えてくれるのです。しかし、残念なことに相場のナビゲーションシステムは車に付いているような高性能なナビゲーションシステムではないのです。今まで自分が通ってきた道、そして現在自分がいる場所は的確に教えてくれるのですが、その先の道案内はしてくれないのです。

　目的地はわかっていて、これまで通った道もわかるのですが、その先の道はわからないのですね。でも、現在いる場所が安全な場所なのか、危険な場所なのか、あるいは現在いる場所の近辺に安全なルートと危険なルートの分かれ道があるのかないのかは教えてくれるのです。しかし、安全なルートなのか危険なルートなのかはナビのお姉さんは教えてくれません。相場を運転する自分自身が安全か危険かを判断しなければならないのです。

しっかりと安全だと判断したつもりでも、うっかり危ない道に迷い込んでしまうかもしれません。その場合は、危ない道を進むのではなく、一度車を停めて安全なのかどうかを再確認する必要があります。再確認しなければ、その先にある崖から真っ逆さまに転落してしまうかもしれないからです。

　私たちにできることは、安全な道だけを走り、危険な道は避けて通るということだけです。これさえできれば必ず相場の目的地に到達することができます。私たちはテクニカルという素晴らしいナビゲーションシステムを持っているのですからナビを信頼して進めばいいのですね。

　先ほども書いたように、このナビゲーションシステムは車のナビゲーションシステムと比べるとちょっと出来が悪いナビなんです。だって、それまで通った道は教えてくれるけど、その先の道は教えてくれないのですから。出来の悪い子ほど可愛いといいますが、このナビをかわいがることにより、今まで見えなかったことが見えるようになり、ナビは今まで以上のことを多く教えてくれるようになりますよ。

　パソコンもリアルタイムチャートもない時代は地図を広げて道を確認していたようなものです。テクニカルはちょっと出来の悪いナビですけど、その頃に比べると格段に目的地まで到達できる可能性が高くなっていますよね。このナビの取扱説明書が『幸せなお金持ちになるための日経225先物　必勝トレード術』『日経225先物ストレスフリーデイトレ勝利の方程式　改訂版』」今読んでいただいている本書なのです。何回も取扱説明書を読みなおしてナビを使いこなしてくださいね。

【本日の売買】…値幅、時間、移動平均線から反発ポイントを想定

　3月6日の売買を見ていくことにしましょう。
　前週3月3日金曜の日中引け時点のチャートです。

Trade Training Day 10　171

（図115）60分足チャート

（図116）15分足チャート

（図117）ピーク・ボトム合成図

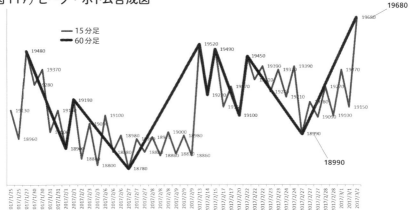

3月3日のシナリオでは次のように書いていました。

---------抜粋ここから--

　メインシナリオは、やはり上昇。サブシナリオ1は、レンジに戻る。どういう動きをすれば15分のボトムが確定するのか？　どういう動きをすれば60分のボトムが確定するのか？　ボトムが確定すると再上昇が追認できます。本日は、60分足のピーク19680円が確定しました。60分の75MAは19325円あたりでサブシナリオ2では、ここまで押す可能性もあります。シナリオを3つくらい考えてください。

---------抜粋ここまで--

　この日の朝の私のブログでは次のように書いています。

http://tuiterusennin.blog109.fc2.com/blog-entry-8204.html

---------抜粋ここから--

　木曜金曜と調整の動きになりましたが、60分足を見ると75本移動平均線の上にあり、上有利になっています。トレンドレスですが18990円からの上昇は押し目らしい押し目のないままの上昇であり、木曜金曜の動きが調整の動きになります。15分足は上昇トレンドですが、75本移動平均線を割り込み、移動平均線の帯は収斂していてここから拡散につながる動きです。上に拡散するためには、寄り付きから下げることなく上昇し移動平均線を上回ってこなければ

なりません。

　寄り付きから15分足75MAを上回ってくるようであれば買いを考えていくことにしましょうか。寄り付きから上昇できずに下落してくるようであれば様子見とし、60分足75MAを割り込むような動きになれば売りを考えていくことにします。今日はこんなイメージで見ていきましょうか。

---------抜粋ここまで---

（図118）当日の売買譜チャート

　当日の場が始まる前の状況は次の通りでした。60分足は19680円までの上昇に対する調整中（押し目）であり、トレンドはトレンドレスで短期波動は下落波動でした。波動の統計ソフトでみると日中足で60分足の下落波動は、次のようになっています。

　トレンドを考慮しないピークからボトムの値幅は、中央値　360円・平均値　447.9円。トレンドを考慮しないピークからの経過時間は、中央値　10本・平均値　12.95本。トレンドレス時のピークからボトムの値幅は、中央値　390円・平均値　483円。トレンドレス時のピークからの経過時間は、中央値　9本・平均値　13本

　次ページのチャートをご覧ください。場が始まる前の60分足チャートです。

(図119)

　場が始まる前の高値19680円から安値19390円までの値幅は290円、経過時間は、13本でした。値幅は平均値、中央値までもう少しありましたが本数は平均値と同本数でした。このことから、時間はそろそろだが値幅から考えるともう少し下落してもいいと考えることができます。

　そうなると75本移動平均線まで下がるのを待ってからの買い場探しというシナリオが作れます。なぜなら現在の株価は25本移動平均線と75本移動平均線の間にあり、値幅から考えると少し押しが深くてもいいと考えられるので75本移動平均線までの下落がある可能性が高いと考えられるからです。つまり、75本移動平均線まで下がるまでは様子見でいいということになりますね。

　1本目の足で75本移動平均線近くの19340円まで下落してきました。ここからは75本移動平均線を割り込むのか反発するのかを見ていくことになります。19340円を付けたその後は19400円を付けてからもう一度下を試しに来て19340円を付けましたがそこから反発。2回目の19340円からの反発ですから底の確認終了ということになりますのでここからの上昇は買うことができます。2回目の19340円からの上昇を19375円でmini50枚買いました。ロスカットは19330円。

　19340円を2回付けてから反発したのですから19340円は強い支持線になります。支持線を割り込むと反発失敗ということになりますので、支持線である

19340円を割り込んだ19330円をロスカット価格としました。エントリー枚数を通常の半分の50枚にした理由は、日足で上昇しなければならない局面でしたが午前中から上昇することができなかったこと。EMAアンチでは15分足も60分足も陰転していたことからです。

※**参考　支持・抵抗**については『幸せなお金持ちになるための日経225先物必勝トレード術』48ページから54ページをご覧ください。

※**参考　EMAアンチ**については『日経225先物ストレスフリーデイトレ勝利の方程式　改訂版』138ページから162ページをご覧ください。

　エントリー後は19394円を付けましたが下落してきたので19365円で半分の25枚を返済。残り25枚。2回安値を試して上昇し始めたのですから、そのまま上への動きになるのが普通です。それが19394円で止まるのが変な動きなのです。変な動きをしたのですから玉操作をして利益を確保しなければなりません。ここで耐えていると逆行して損失になる可能性があります。よって半分の25枚を玉操作で利食いということになります。

　その後は19350円で下げ止まり14：30過ぎから上昇してきました。19365円で玉操作をしていることにより、心理的負担が少なくなり19350円までの下落を耐えることができます。玉操作をしていなければストレスが大きくなり、耐えることができなくなって建玉すべてを返済したくなるのです。分割売買の利点はこのような部分にも現れます。

※**参考　分割売買**については『幸せなお金持ちになるための日経225先物　必勝トレード術』」100ページから150ページをご覧ください。

　19405円で10枚を利食い。残り15枚。19414円を付けた後は下落してきたので、ここも玉操作として19390円で10枚を返済。残り5枚。残り5枚は大引け19355円で返済して終了。

　最近はSQ週になると約定値が5円刻みではなく1円刻みの数値が目立ちます。14：45の15分足の高値も19414円で確定しています。裁定取引の約定も

176

表示されているためにこのようになるのですね。

　まあ、このように半端な数値での約定は私たちにはできないので気にせずにいくしかないですね。

【本日の結果】

　19375円　mini50枚買い

　19365円　　25枚返済　−10円×25枚＝−25,000円

　19405円　　10枚返済　＋30円×10枚＝＋30,000円

　19390円　　10枚返済　＋15円×10枚＝＋15,000円

　19355円　　 5枚返済　−20円×5枚＝−10,000円

　合計損益　＋10,000円

【本日のコラム　その2】…なぜ、波動の統計を取るのか

　先週3/2の日々メールで60分足の波動統計について触れていました（本書には3月2日のメールは掲載していません）。

　なぜ統計を取る必要があるのでしょうか。統計を取ることによって、何がわかるのでしょうか。今日の売買でも統計を載せましたが、もう少し詳しく考えてみましょう。

※**参考　波動**については『幸せなお金持ちになるための日経225先物　必勝トレード術』25ページから28ページをご覧ください。

　先週載せた統計は次のようなものでした。

　波動の統計ソフトでみると日中足で60分足の上昇波動における統計値は次のようになっています。

　トレンドを特定しない波動の値幅は、中央値　340円・平均値　450円

　トレンドを特定しない波動の経過時間は、中央値　9本・平均値　12本

　上昇トレンド時の上昇波動の値幅は、中央値　410円・平均値　487円

上昇トレンド時の上昇波動の経過時間は、中央値　14本・平均値　15.89本

　ボトム18990円から本日の高値19680円までの値幅は690円、経過時間は、20本。

　統計ソフトのヒストグラムを見ると、値幅690円は、80.36パーセントの確率でピークになる。経過時間では、75パーセントの確率でピークになる。ということがわかります。

　次のチャートをご覧ください。

　60分足チャートです。

（図120）60分足チャート

　統計による値幅平均は450円で中央値は340円となっています。本数の統計は平均本数12本、中央値9本となっています。3月2日の60分足1本目までを見てみると値幅は690円ですから平均値幅も中央値も大きく超えています。よって、ここから更に上に伸びる可能性よりも調整になる可能性のほうが高いと判断することができるのです。

　本数を見ると20本が経過していました。平均本数も中央値も大きく超えています。本数から考えても更に上昇波動が継続するよりも下落波動に転換する可能性が高いと判断することができるのです。今日の場合は上に書きましたが、

もう少し下落があっても良いと考えることができました。3月2日の日々メールでは統計ソフトのヒストグラムについても触れていました。
＞統計ソフトのヒストグラムを見ると
＞値幅690円は、80.36パーセントの確率でピークになる。
＞経過時間では、75パーセントの確率でピークになる。
　この部分ですね。
　今日の場合を見てみましょう。場が始まる前のピークは19680円から安値19390円まで値幅は290円。トレンドレス時の下落波動のヒストグラムを見ればいいですね。
　次の図をご覧ください。

（図121）

これは統計ソフトの結果表示です。
　A　トレンドレス時の下落波動の結果であることを表しています。
　B　平均　483.3円の下落幅があり、中央値は390円、一番小さな波動は70円であり、最大波動は3010円で標準偏差は372円であることを表しています。
　C　平均　13.01本の下落本数があり、中央値は9本、一番小さな波動は1本であり、最大波動は61本で標準偏差は10.64本であることを表しています。

D　統計期間における下落波動数は376個あるということを表しています。

　E　290円の波動は376個中4個、290円以下の同数は137個、290円の波動の割合は1.06％であり、290円以下の波動の割合は36.44％であることを表しています。ヒストグラムについてはEを見るとわかるようになっています。

　このヒストグラムの結果から300円以上の下落波動になる可能性は100％－36.44％＝63.56％であるということになります。今日の1本目からボトムになり上昇する可能性は36.44％であり、63.56％はまだ下落する可能性があるということです。このことから60分足だけで考えると今日は寄り付きから下がるのであれば、すぐに買うのではなく、75本移動平均線まで下がるのを待ったほうがトレードしやすくなることがわかります。

　ここで15分足の統計値も見てみましょう。

　場が始まる前の15分足の状況は上昇トレンドにおける下落波動でした。

（図122）

　15分足上昇トレンド時の下落波動の統計は次のようになっています。

　値幅の統計は、平均値　167.3円・中央値　150円。

　経過時間の統計は、平均値　12.32本・中央値　10本。

　ピーク19680円から安値19390円までの値幅は290円。経過時間は52本。

　統計ソフトのヒストグラムを見ると

　値幅290円は、90.15パーセントの確率でボトムになる。

経過時間では、99.63パーセントの確率でボトムになる。

つまり、15分足ではいつボトムになってもおかしくない波動だったのです。よって、今朝のシナリオは寄り付きから上昇してくるのであれば、15分足のボトムが確定するであろう。15分足のボトムが確定するのであれば、その後は15分足のピークが確定するまでの上昇になるので買うことができる。というシナリオになったのです。

寄り付きから下がると15分足はいつボトムになってもおかしくないのだが統計平均値から外れた波動になるのでどこまで下がるかはわからない。だから60分足の波動統計を参考にしてもう少し下落が続いてもおかしくないので様子見とし、75本移動平均線まで下落するのを待つというシナリオになります。このように波動統計はシナリオ作成に活かすことができるのです。

【明日のシナリオ】…60分足上昇波動転換で、絶好の買い場か

3月6日の引け後の日中チャートの状況です。
それぞれのトレンド判断を見ていきます。

1. ピーク・ボトムによるトレンド判断

ピーク・ボトム合成図をご覧ください。

(図123) ピーク・ボトム合成図

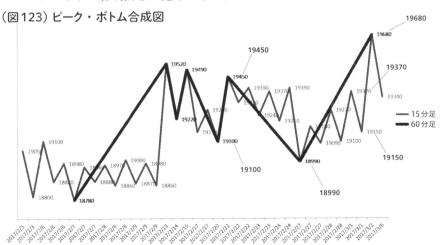

60分足

　高値　19450 – 19680　/　安値　19100 – 18990

　高値切り上げ、安値切り下げのトレンドレスですが、2つ以上前のピークを上回っているので実質上昇トレンド。

15分足

　高値　19370 – 19680　/　安値　19150 – 19340

　高値切り上げ、安値切り上げの上昇トレンド。

2．株価と移動平均線との関係によるトレンド判断

（図124）60分足チャート

（図125）15分足チャート

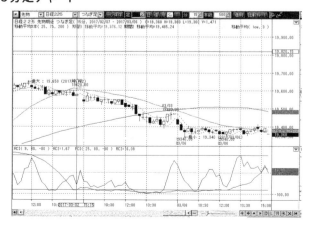

60分足は株価が75本移動平均線とほぼ同価格帯なのでトレンドレス。

15分足は株価が移動平均線の帯の下にあるので下降トレンド。

これらを元に総合的にトレンドを判断してみましょう。

60分足のトレンド判断

ピーク・ボトムによるトレンド判断は上昇トレンド。

移動平均線との関係によるトレンド判断はトレンドレス。

15分足のトレンド判断

ピーク・ボトムによるトレンド判断は上昇トレンド。

移動平均線との関係によるトレンド判断は下降トレンド。

ピーク・ボトムによるトレンド判断は両方ともに上昇トレンドですが15分足は75本移動平均線を割り込みました。ここから下がると60分足も75本移動平均線を割り込むことになってきます。

日足チャートも見てみましょう。

(図126) 日足チャート

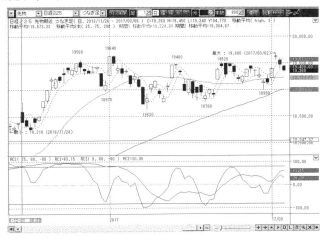

先週高値をブレイクしました。高値をブレイクしたということは高値が切り上がり上昇トレンドの継続が確定したということです。上昇トレンド継続であるならばそこから更に上への動きにならなければおかしいのでしたね。今日は上げなければいけない日でしたが上げることができずに陰線となりました。こ

れでまた18500-19500のボックス圏の動きに戻った可能性が高くなりました。

こうなるとやりづらくなりますね。

今日は、引け時点の波動の状況も見ておきましょうか。

60分足は上昇トレンド時の下落波動になっています。

この下落波動の状況は次の通りです。ピークからの下落幅340円。ピークからの下落率1.72％。ピークからの下落本数20本。

15分足は上昇トレンド時の上昇波動

ボトムからの上昇幅74円。ボトムからの上昇率0.38％。ボトムからの上昇本数11本。

(図127) 60分足上昇トレンド時の下落波動統計

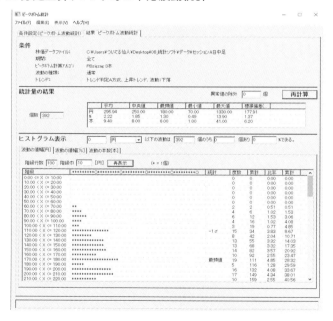

上昇幅は、平均295.94円。中央値は250円。

上昇率は、平均2.22％。中央値は1.85％。

上昇本数は、平均9.4本。中央値は8本。

（図128）15分足上昇トレンド時の上昇波動統計

　上昇幅は、平均287.39円。中央値は240円。

　上昇率は、平均2.19％。中央値は1.88％。

　上昇本数は、平均18.94本。中央値16本。

　60分足は下落幅、下落率、下落本数すべてにおいて、いつボトムになってもおかしくない数値です。15分足は上昇幅、上昇率、上昇本数すべてにおいて、まだまだ上昇波動が続く数値になっています。つまり、この統計から読み取れることは、15分足の上昇波動が継続する可能性が高く、60分足の上昇波動転換になる可能性が高いということです。

　ということは、60分足75本移動平均線からの上昇は絶好の買い場になってくる可能性が高いと考えられます。よって、明日のシナリオは買いをメインに考えていくことができます。

　これらを踏まえて明日のシナリオを作成してみましょう。

●今日の引け値からギャップアップでの寄り付きになった場合

60分足の明日の1本目の安値が19480円以上になると上昇波動に転換します。つまり、19480円よりも高く寄り付いて下げることなく推移すれば更に上への動きになる可能性が高くなります。よって、19480円よりも高く寄り付いた場合は更に上の動きに乗っていくことにします。高く寄り付いて更に上のパターンですね。下がらないことを確認しての買い。

●今日の引け値と同価格帯での寄り付きになった場合

60分足75本移動平均線からの上昇を買うという方針で見ていきます。今日の安値19340円を割り込まずに上昇する場面を買うという方針からのスタートとします。

75本移動平均線を割り込むと調整が深くなりすぎ反発しても大きな反発にはならない可能性が高くなるので買いは見送りとします。

そして15分足は上昇波動から下落波動に転換し、下降トレンド時の下落波動となり、大きな下落になる可能性が出てきますので売りを考えていくことにします。60分足75本移動平均線を割り込んだ後の短い時間軸の調整からの再下落を売る。

●今日の引け値からギャップダウンでの寄り付きになった場合

19340円を割り込むと15分足は下降トレンドの下落波動に転換します。60分足75本移動平均線を割り込むと弱い動きになるので売りを考えていきます。安く寄り付いて更に下という動きがあるので、上がらないことを確認しての売り。

明日はこんな感じで見ていくことにします。

【FXのシナリオ】…応用の売りを狙えるケースではあるが…

ここからはFXのチャートを見てみましょう。

チャートソフトはメタトレーダー4（MT4）を使用しています。

チャートはドル円で、16時30分頃のものになります。

それぞれのトレンド判断を見ていきます。

1．ピーク・ボトムによるトレンド判断

（図129）ピーク・ボトム合成図

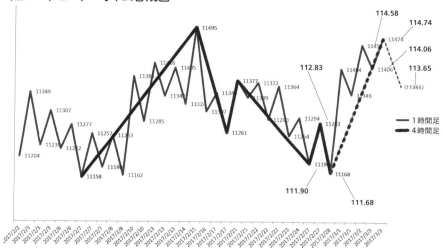

4時間足

　高値　112.83 − 114.74（未確定）　/　安値　111.90 − 111.68

　高値切り上げ、安値切り下げの下降トレンドですが、2つ以上前のピークを越えているので実質上昇トレンド。

1時間足

　高値　114.58 − 114.74　/　安値　114.06 − 113.65（未確定）

　高値切り上げ、安値切り下げのトレンドレス。

2. 価格と移動平均線との関係によるトレンド判断

(図130) 4時間足チャート

(図131) 1時間足チャート

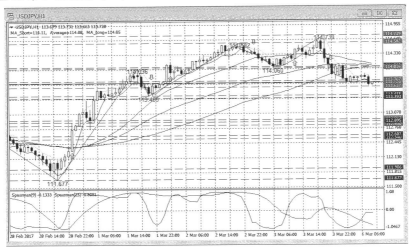

4時間足は価格が75本移動平均線よりも上にあるので上昇トレンド
1時間足は価格が75本移動平均線よりも下にあるので下降トレンド

これらを元に総合的に判断をしてみましょう。

4時間足のトレンド判断

　ピーク・ボトムによるトレンド判断は上昇トレンド。価格と移動平均線との関係によるトレンド判断は上昇トレンド。

1時間足のトレンド判断

　ピーク・ボトムによるトレンド判断はトレンドレス。価格と移動平均線との関係によるトレンド判断は下降トレンド。

　4時間足は上昇トレンド、1時間足は下有利になってきています。

　ここで日足も見ておきましょう。

（図132）日足チャート

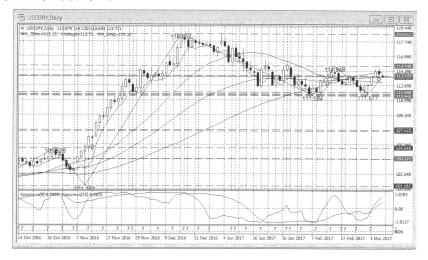

　75日線タッチから跳ね返された形になりました。直近高値である114.95円を超えられずに下落したので動きが悪くなりそうですね。スイングは、日足がはっきりするまで様子見にしましょうか。

　短期売買は、4時間足は上昇トレンドなので基本買いを考えていきますが、1時間足が下有利になりました。日足も75本移動平均線から跳ね返された形なので応用の売りを考えていけるチャートになっています。1時間足75本移動平均線を超えられずに下落開始となる場面を売る応用の売りです。ただし、4時間

足75本移動平均線までの値幅が50pips程度しかないのでやめたほうが良さそうですね。また、応用の売買は基本の売買を身につけている人だけが可能です。
　次のチャートをご覧ください。
（図133）

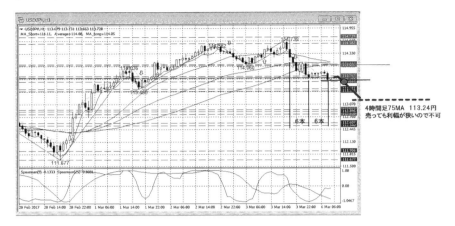

　基本は4時間足25本移動平均線と75本移動平均線の間での買い場探しとしましょうか。
　この週については火曜以降コラムではなく統計ソフトの使い方について述べています。統計ソフトは相場塾会員さんのみ無料利用が可能ですので本書では割愛させていただきます。

Trade Training Day 11
11日目（2017年4月3日）

【本日のコラム】…「単純思考力」と「多段思考力」

【本日の売買】…一気に抜けてもいいところを止められたということは…

【明日のシナリオ】…ボックス圏だが、下有利か

【FXのシナリオ】…112.19-110.93どちらに抜けるか

【本日のコラム】…「単純思考力」と「多段思考力」

　人が夢を持った時に、現在をスタート地点として目標や答え、ターゲットなど、ゴールを目指して上っていきますが、その「もう一段先」「もう一段先」と考え続ける力が多段思考力です。

　例えば、「今晩の食事は何にしようか？」と考えた時に「ステーキハウス」の前を通りかかりステーキが食べたいと思ったとすれば、それは「単純思考」です。一昨日はカレーを食べたし、昨日は焼き魚だったから、今日はボリュームのある物が食べたいと考え、体調のことや、カロリーのことも検討し、その上でステーキに決めたとすれば「多段思考」を使って決めたということになります。

　将棋の棋士の方は一手先ではなく、数手、数十手先を読んで将棋をやっているそうです。普通の人はそんな先まで考えることはできません。仮にできたとしても疲れてしまいます。しかし、プロ棋士は将棋を職業としていて、楽しみながら将棋を指しているのです。ですから疲れることなく楽しみながら多段思考を使っているのです。多段思考を使い続けても疲れない「思考体力」を持っているのです。

　私は相場に参加する際にマルチチャートを元にして、シナリオを立て、シナリオの動きになればエントリーをします。シナリオを立てる際には、「Aならば、Bにならないといけない。Bにならないならば、Cになる」。簡単な例で言うと「下降トレンド（A）」ならば、「高値安値を切り下げ（B）」ないといけない。Bにならなければ、「下降トレンドが崩れることになる（C）」「BでなかったからCになった」ということを言っているのではありません。Aという状況があって、Bを想定しています。Bになるかどうかは、わからない時点でCを考えておくということです。

　このように未来の動きを複数考えながらシナリオを作成していきます。このシナリオを作成するという作業も多段思考力を使って行っているのです。

　多くの人は「早く」「得して」「楽に」と考えがちです。多段で考えていくには頭を柔軟にして、「遠回り」や「損」「手間」も含めた幅広い発想をすることが必要です。その中から本当の最善策が生まれるのです。目先の損得にとらわれず

に発想を広げ、もう少し考えた上で答えを出す。そのことによって、また一段上がることができます。その一段一段の「もう少し」「もう少し」が長期的に大きな差になっていくのです。

　人間というのは、本来、楽をしたいと考える生き物なのです。問題が生じても、面倒くさいことは早く終わらせたいから「多段思考」をしたがらないのです。しかし、多段思考をせずにいると、思考体力が落ち、複雑なことが考えられなくなってしまいます。シナリオを作成する時には、講師のシナリオだけに頼らずに必ず自分自身でシナリオを作成してください。日々メールの講師のシナリオを読む前に、自分自身でシナリオを作成し、その後に講師のシナリオと比べるという手順をとっていただくといいかもしれませんね。私は人生も相場も同じようなものだと思っています。相場においても、普段の生活においても「多段思考力」を使って楽しい人生、楽しい相場にしていきましょうね。

【本日の売買】…一気に抜けてもいいところを止められたということは…

　それでは、本日4月3日の日経225先物の動きを見ていきましょう。
　3月31日金曜の日中足引け時点のチャートです。

(図134) 60分足チャート

（図135）15分足チャート

（図136）ピーク・ボトム合成図

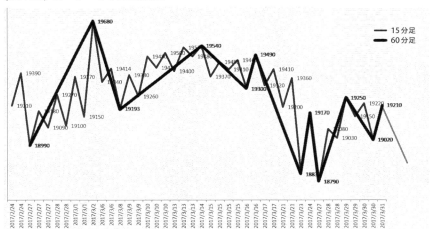

　3月31日金曜のシナリオは次のように書いていました。

---------抜粋ここから---

　日足は、本日も75MAにタッチから反落。18790円割れまであと100円ほど。ギャップダウンでもするとすぐに19250円がピーク確定してしまいます。弱いですね。2016年12月、1月、2月、3月のSQ値は、12月18867円、1月19182円、

2月19276円、3月19434円となっていて、ほとんどレンジ相場です。日足は横ばいの相場が、3ヶ月以上続いています。そろそろどちらかに動きそうなんですけどねぇ〜。総合的には下降トレンドであり来週のデイトレードは、戻り売りを考えます。ナイトセッションの動きを勘案しシナリオを3つくらいは考えてください。

--------- 抜粋ここまで --

この日の朝の私のブログでは次のように書いています。

http://tuiterusennin.blog109.fc2.com/blog-entry-8270.html

--------- 抜粋ここから --

60分足は高値切り下げ安値切り下げの下降トレンド。株価は移動平均線の帯の下にあります。15分足は高値切り下げ安値切り下げの下降トレンド。

株価は移動平均線の帯の下にあります。両方の足が下を向いて揃っている状態です。そして、株価は移動平均線の帯の下という弱い動きです。この動きであれば売りのみを考えていけばいいですね。先週金曜はほぼ安値引けになっていますので、まずは一番短い時間軸である5分足の調整を待ってからの売り場探しにしましょうか。日中足ですと抵抗になると考えられる価格は、19020円ですね。ナイトセッションチャートで見ると、19020円までは金曜にもみ合っていた価格帯です。この19020円までの調整からの下落を売るという方針で見ていくことにしましょうか。

--------- 抜粋ここまで --

19000円での寄り付きとなりました。ギャップアップでの寄り付きです。下降トレンド18880円までの下落に対する調整（戻し）の動きからのスタートということになりますね。寄り付き後はすぐに下落して18910円まで下げました。この下落は勢いがあったので見ているだけで売っていません。ギャップアップになったことにより、15分足のボトムが確定する可能性が高くなったので様子見からのスタートです。18910円を付けた後は11時過ぎに18980円まで戻してヨコヨコになってきました。

10：30のブログでは次のように書いています。

http://tuiterusennin.blog109.fc2.com/blog-entry-8271.html

---------抜粋ここから--
　19000円での寄り付きとなり、18910円まで下落した後、再び調整になっています。この調整は5分足の調整として考えることができます。株価は5分足25本移動平均線を少し上回ったところまで上昇してきています。このままヨコヨコから再下落する場面を売るという方針で見ていきましょうか。
---------抜粋ここまで--

（図137）当日の売買譜チャート

　12時過ぎには19000円までの調整になりました。19000円は朝の高値と同値です。15分足を見ると直近安値18880円からは120円の上昇。経過本数は15本です。統計値平均から見て価格はもう少し上昇してもいいのですが、最頻値は100円ですので最頻値は超えてきました。本数は平均値を超えてきているのでそろそろ調整終了になっても良さそうな数値です。

　寄り付き高値と同値の19900円で止まりそうなこと。統計値から見てそろそろ下落になってもいいと考えたことから19000円からの下落を18970円でmini100枚売りました。ロスカットは19000円の10円上である19010円。2回付けた19000円は強い抵抗になると考えたので、この抵抗を抜けたところをロスカットとしました。

エントリー後は18940円で30枚利食い。残り70枚。18920円を付けた後は下がらなくなりました。18920円近辺は金曜のナイトセッションで下げ渋っている価格帯でした。下に行くのであればこの価格帯は一気に通り過ぎてもおかしくはありませんね。それが止められたということは支持線として機能していると考えられます。

　18920円を付けた後は下がらなくなったので18950円で40枚を利食い。残り30枚。この時点で残り30枚のロスカットをエントリー価格の18970円に変更。これで今回のトレードのプラスが確定となりました。

　13：35過ぎにエントリー価格と同値の18970円で残り30枚を返済して終了。18920円までは順調に下がったのですが、その後下がらずに推移し、戻してきたので残りの玉は同値返済でプラス確定として終了。

【本日の結果】

　18970円　mini100枚売り

　18940円　30枚返済　＋30円×30枚＝＋90,000円

　18950円　40枚返済　＋20円×40枚＝＋80,000円

　18970円　30枚返済　＋－0円×30枚＝±0円

　合計損益　＋170,000円

【明日のシナリオ】…ボックス圏だが、下有利か

　4月3日の引け後の日中チャートの状況です。
　それぞれのトレンド判断を見ていきます。

1. ピーク・ボトムによるトレンド判断

（図138）ピーク・ボトム合成図

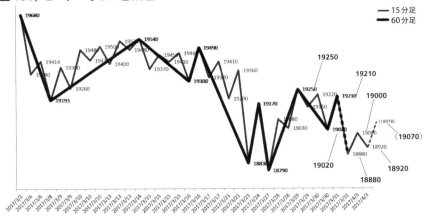

60分足
　高値　19250 - 19210　/　安値　19020 - 18880（未確定）
　高値切り下げ、安値切り下げの下降トレンド。
15分足
　高値　19000 - 19070（未確定）　/　安値　18880 - 18920
　高値切り上げ、安値切り上げの上昇トレンド。

2. 株価と移動平均線によるトレンド判断 （次ページ図）

　60分足は株価が移動平均線の下にあるので下降トレンド
　15分足も株価が移動平均線の下にあるので下降トレンド
　これらを元にトレンドを判断してみましょう。

60分足
　下降トレンド
　下降トレンド
15分足
　上昇トレンド
　下降トレンド

（図139）60分足チャート

（図140）15分足チャート

　両方の足で株価が75本移動平均線近辺まで上昇してきました。総合的に考えて下有利なトレンドレスと言ったところです。
　日足も見てみましょう。

（図141）日足チャート

　75日移動平均線の下での動きが続いています。ボックス圏での動きですが下有利ですね。先週金曜の陰線の高値または安値、どちらをブレイクするかに注目しています。引け時点の波動の状況を見ておきましょうか。

（図142）60分足下降トレンド時の下落波動統計

60分足は下降トレンド時の下落波動。ピークからの下落幅は330円、ピークからの下落率は1.718％、ピークからの下落本数は11本。

　15分足は上昇トレンド時の上昇波動。ピークからの上昇幅は150円、ピークからの上昇率は0.79％、ピークからの上昇本数は9本。

　下落幅は、平均568.14円、中央値は440円。

　下落率は、平均4.31％、中央値は3.51％。

　下落本数は、平均14.2本、中央値は12本。

（図143）15分足上昇トレンド時の上昇波動統計

　上昇幅は、平均286.43円、中央値は240円。

　上昇率は、平均2.18％、中央値は1.88％。

　上昇本数は、平均18.87本、中央値は16本。

　60分足は統計値から考えるともう少し下落波動が続いても良いことになります。15分足は統計値から考えるともう少し上昇波動が続いても良いことになります。上にも下にももう少し行っても良いということなのですね。

19070円を超えずに15分足のピークが確定することになれば、15分足は統計平均よりも短い期間少ない値幅で上昇波動が終了することになります。つまり、弱い動きであるということになります。そうなると19070円を超えずに下落する場面を売るという方針を立てることができますね。

これらを踏まえて明日のシナリオを作成してみましょう。

●今日の引け値からギャップアップでの寄り付きになった場合

19210円を超えるような大きなギャップアップになれば60分足直近高値を超えることになり上への動きに戻ることになりますので買いを考えていけます。下否定での寄り付きですから寄り付きから更に上という動きもありますので、寄り付きから下がらないことを確認しての買い。19080-19210での寄り付きになれば様子見にします。

●今日の引け値と同価格帯での寄り付きになった場合

19070円を超えずに下落してくるのであれば下有利であり売りを考えていきます。19070円を超えなければ18690円までの下落に対する調整の動きと見ることができます。そしてその調整は15分足の調整と考えることができるので15分足75本移動平均線からの反落を売りたいですね。

●今日の引け値からギャップダウンでの寄り付きになった場合

下降トレンド継続となり下有利になりますので売りを考えます。18880円よりも下での寄り付きになると、15分足の2つ前の安値が抵抗となります。そのまま下へ走る可能性がありますので寄り付きから下がらないことを確認しての売り。18880円よりも上のギャップダウンでも15分足の3波動の調整からの下落となりますので大きく下落する可能性があります。寄り付きからの戻しが弱ければ売り場探しとします。

明日はこんな感じで見ていくことにします。

【FXのシナリオ】…112.19−110.93どちらに抜けるか

ここからはFXのチャートを見てみましょう。
チャートソフトはメタトレーダー4（MT4）を使用しています。
チャートはドル円で、16時00分頃のものになります。
それぞれのトレンド判断を見ていきます。

1．ピーク・ボトムによるトレンド判断

（図144）ピーク・ボトム合成図

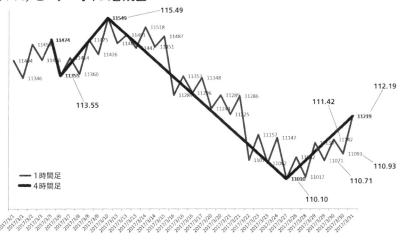

4時間足
　高値　115.49 − 112.19　／　安値　113.55 − 110.10
　高値切り下げ、安値切り下げの下降トレンド。

1時間足
　高値　111.42 − 112.19　／　安値　110.71 − 110.93
　高値切り上げ、安値切り上げの上昇トレンド。

2. 価格と移動平均線との関係によるトレンド判断

(図145) 4時間足チャート

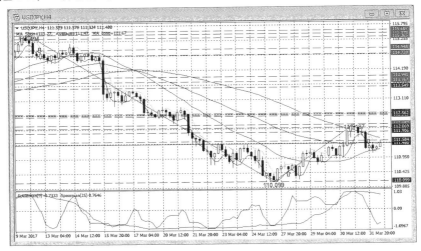

(図146) 1時間足チャート

4時間足は価格が75本移動平均線と同価格帯にあるのでトレンドレス
1時間足も価格が75本移動平均線と同価格帯にあるのでトレンドレス

総合的に判断をしてみましょう。

4時間足のトレンド判断

　ピーク・ボトムによるトレンド判断は下降トレンド。価格と移動平均線との関係によるトレンド判断はトレンドレス。

1時間足のトレンド判断

　ピーク・ボトムによるトレンド判断は上昇トレンド。価格と移動平均線との関係によるトレンド判断はトレンドレス。

　ここで日足も見ておきましょう。

（図147）日足チャート

　高値切り上げ安値切り下げのトレンドレスになっていますが2つ前の安値も割り込んでいるので実質下降トレンド。為替価格は移動平均線の下にあり、下有利。日足は総合的に考えて下有利になっています。

　4時間足は下有利なトレンドレスで、1時間足は上有利なトレンドレス。ちょっとはっきりしない動きですね。ここから下へ動き1時間足直近安値110.93円を割り込むようであれば売りを考えていくことにします。逆に上に動いて4時間足直近高値112.19円を上回るようであれば短期的には上有利になるので買いを考えていくことにします。112.19－110.93のどちらかを抜けるまでは様子見とします。

Trade Training Day 12

12日目（2017年4月4日）

【本日のコラム】…リスクリワードレシオを調べてみよう

【本日の売買】…一度ロスカットになるも、弱い動きを見て再チャレンジ

【明日のシナリオ】…アヤ戻しからの売り場探しも

【FXのシナリオ】…デイ、スウィングともに調整を待って売り

【本日のコラム】…リスクリワードレシオを調べてみよう

　相場で儲けるためには「損小利大」が必要だと聞いたことがあるでしょう。「損失は少なく利益は大きくしろ」ということですね。

　人間というのは、損失は我慢して、利益はすぐに確定したくなる生き物です。エントリーしてから少しでも利益が乗ると利食いしたくてたまらなくなります。今の含み益がなくなってしまうのが嫌なのです。含み益がなくなることが耐えられないのです。含み益が減ってくるのを見ると損した気持ちになるのです。ですから少ないプラスで利益を確定してしまうのです。

　逆に含み損が増えていくと、なんとかマイナスを減らしたいと考えます。返済しない限りマイナスは確定しないと考えます。そして、含み損があっても我慢して買値に戻るのを待つのです。買値に戻るとやれやれで返済し、プラスマイナスゼロにして納得します。

　しかし、含み損が増えて耐えられなくなると大きな損失を被ることになるのです。最悪追証がかかります。FXであれば強制ロスカットに掛かることになります。1回の損失で破産をする人のパターンです。そして、このパターンで相場の世界からいなくなる人が一番多いのです。「損小利大」にするのは、普通は難しいのです。

　ではどうすればいいのか？　リスクリワードレシオという言葉を聞いたことがあるでしょうか。リスクに対するリワード（損失に対する利益）の割合のことです。例えば、ロスカットの価格を30円に設定して利益の価格を60円に設定したとすると、リスクリワードレシオ　30：60　＝　1：2　ということになります。損失1に対して利益が2ということです。

　自分のトレードにおける勝率が50％だとしたら、10回のトレードをすると5回利益になり5回は損失になるということですね。ではちょっと計算してみましょう。先ほどと同じロスカットの価格を30円に設定して利益の価格を60円に設定したとすると5勝5敗の場合ですと損失は30円×5回＝－150円。利益は60円×5回＝＋300円。損益は－150＋300＝＋150円。ということになります。

次の表をご覧ください。

（図148）

リスク：リワード	0勝10敗	1勝9敗	2勝8敗	3勝7敗	4勝6敗	5勝5敗
1：2	−10	−7	−4	−1	2	5
1：1.5	−10	−7.5	−5	−2.5	0	2.5
1：1	−10	−8	−6	−4	−2	0
2：1	−20	−17	−14	−11	−8	−5

リスクリワード	6勝4敗	7勝3敗	8勝2敗	9勝1敗	10勝0敗
1：2	8	11	14	17	20
1：1.5	5	7.5	10	12.5	15
1：1	2	4	6	8	10
2：1	−2	1	4	7	10

　リスクリワードレシオが1：1の場合ですと、5勝5敗でプラスマイナスゼロになります。勝率60％以上でなければ利益にはなりません。リスクリワードレシオが1：2の場合ですと、4勝6敗でプラスになります。逆にリスクリワードレシオが2：1の場合ですと、勝率70％以上でないとプラスにはなりません。一括売買でロスカット30円、利食い60円設定で勝率70％というのは現実的には少し無理があるでしょう。

　そこで、分割売買が登場するのです。分割利食いをしていくことによって利益を確保しつつ損失を少なくするのです。1回のトレードにおいてトータルでプラスにすればいいのですね。合計損失が20円、合計利益が40円というトレードをしても1：2になります。

　日々メールに掲載している講師の売買を見ていただくとわかりますが、エントリー時にロスカット価格を設定していますがすべての建玉をストレートでロスカットすることはほとんどありません。玉操作をしながら玉を軽くして損失を少なく抑えているのがわかると思います。

　そして、利益に関しては分割利食いをしてしっかりと確保しているのがわかります。リスクリワードレシオは1：2以上になっているのがわかると思います。ここで、みなさんの今までのトレードの結果から自分のリスクリワードレシオを計算してみてください。1：2以上になっていれば、とても素晴らしい結果

Trade Training Day 12 209

だと思います。

　1：2になっていなくても1：1.5にはなっているという方もいらっしゃるでしょう。もし、1：1だとすれば、今の玉操作が曖昧になっている可能性があります。玉操作がうまくいっていないのかもしれません。リスクリワードレシオが1：1.5以上になっている方は、今のままトレードを進めていっても大丈夫でしょう。1：1.5であれば勝率50％でプラスになるからです。直伝メールや日々メールで勉強をしている手法であれば勝率50％以上になるはずです。

　後は、玉操作をもっと研究してリワード比率を高めていけばいいのです。このようなマネーマネージメントというのは相場の世界で生き残っていくためには大切なことですのでぜひ、自分のリスクリワードレシオを調べてみてくださいね。

【本日の売買】…一度ロスカットになるも、弱い動きを見て再チャレンジ

　それでは、4月4日の日経225先物の動きを見ていきましょう。
　4月3日の日中足引け時点のチャートです。

(図149) 60分足チャート

(図150) 15分足チャート

(図151) ピーク・ボトム合成図

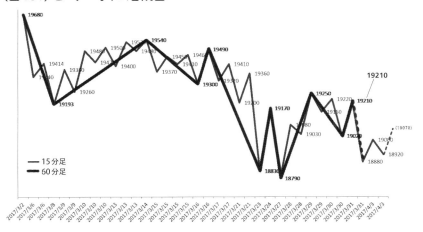

4月3日のシナリオでは次のように書いていました。

---------抜粋ここから--

●今日の引け値からギャップアップでの寄り付きになった場合
　19210円を超えるような大きなギャップアップになれば60分足直近高値を超えることになり上への動きに戻ることになりますので買いを考えていけます。

下否定での寄り付きですから寄り付きから更に上という動きもありますので、寄り付きから下がらないことを確認しての買い。19080 − 19210での寄り付きになれば様子見にします。

●今日の引け値と同価格帯での寄り付きになった場合

19070円を超えずに下落してくるのであれば下有利であり売りを考えていきます。19070円を超えなければ18690円までの下落に対する調整の動きと見ることができます。そしてその調整は15分足の調整と考えることができるので15分足75本移動平均線からの反落を売りたいですね。

●今日の引け値からギャップダウンでの寄り付きになった場合

下降トレンド継続となり下有利になりますので売りを考えます。

18880円よりも下での寄り付きになると、15分足の2つ前の安値が抵抗となります。そのまま下へ走る可能性がありますので寄り付きから下がらないことを確認しての売り。18880円よりも上のギャップダウンでも15分足の3波動の調整からの下落となりますので大きく下落する可能性があります。

寄り付きからの戻しが弱ければ売り場探しとします。

---------抜粋ここまで---

この日の朝の私のブログでは次のように書いています。

http://tuiterusennin.blog109.fc2.com/blog-entry-8274.html

---------抜粋ここから---

60分足は下降トレンド、15分足は上昇トレンドになっています。15分足は上昇トレンドですが、株価は75本移動平均線よりも下にあり、強い動きではありません。75本移動平均線が抵抗になる可能性がありますね。そして今日は少しギャップダウンでの寄り付きになります。そうなると15分足の75本移動平均線からの下落という動きになり、大きな下落になる可能性があります。今日は売りをメインに考えていくことにしましょうか。まずは、寄り付きからの戻しが弱く再下落する場面を売るという方針からのスタートとします。

---------抜粋ここまで---

18930円での寄り付きとなりました。ギャップダウンでの寄り付きです。寄り付きからの戻しが弱ければ売るという方針からのスタートでした。18950円

を見てから下落し、18830円までありました。18880円を割り込んでいないこともあり、この下落はついていくことができずに見ているだけでした。

10：05のブログでは次のように書いています。

http://tuiterusennin.blog109.fc2.com/blog-entry-8275.html

---------抜粋ここから---

寄り付きは18930円となりました。寄り付き後は18950円まで20円だけ戻して下落再開。ここまでの安値は18830円。18830円まで下落した後は、再び調整の動きになり18930円まで100円戻しています。この戻しは5分足の調整だと考えられます。この動きが5分足の調整であるならば、5分足75本移動平均線を超えずに再下落となってきます。つまり、ここからの下落は売れる動きになるということです。

---------抜粋ここまで---

（図152）当日の売買譜チャート

18830円を付けてからは18930円までの戻しとなりました。朝の高値18950円まで戻すことなく18930円で止まったようなので18905円でmini100枚売り。ロスカットは18940円。1回目の利食い予定価格である18875円を付けましたが私の順番までは届かずに売値に戻ってきたので18900円で半分の50枚を利食い。残り50枚。その後は、ラージで18940円が付いたのでロスカットですが、mini

は18935円が付いた後18930円に戻ったので18930円で50枚をロスカットで終了。1回目の売りはロスカットになりましたが、朝の高値18950円を超えておらずまだ下有利なままなのでここからも売りを考えていきます。18950円で止まり、下げ始めたので再度チャレンジ。18915円でmini100枚売り。ロスカットは18960円。18950円は2回付けているので抵抗として機能する可能性が高くなります。よって、18950円の10円上をロスカット価格として設定しています。

　朝の高値で止まるのは昨日の動きと同じですね。昨日は安値更新できませんでしたが、昨日と同じ動きですから当然売るという行動になります。昨日売っているのに、今日は売らないというのはダメなのです。同じように売るタイミングになっているのですから、1回目のエントリーがロスカットになったとしても売らなければならないのです。利食い幅は40円刻みとしました。

　1回目のエントリーがロスカットになったということは上への動きになってもおかしくないのですね。上への動きになるのであれば18950円を超えてこなければなりません。それが18950円で止められたということは、下への動きが加速する可能性があると考えていましたので利食い幅を40円としました。(A)ならば(B)になる。(B)にならないのであれば(C)になる。という考え方ですね。

　18875円で1回目の利食い30枚。残り70枚。

　18835円で2回目の利食い30枚。残り40枚。

　18795円で3回目の利食い20枚。残り20枚。

　18755円で4回目の利食い10枚。残り10枚。

　18715円で5回目の利食い5枚。残り5枚。

　残りの5枚はトレイリングストップに変更。15分足直近3本の高値を超えたらストップ。残り5枚は18810円で返済して終了となりました。

【本日の結果】

1回目

　18905円　mini100枚売り

　18900円　50枚返済　＋5円×50枚＝＋25,000円

　18930円　50枚返済　－25円×50枚＝－125,000円

2回目

　18915円　mini100枚売り

　18875円　30枚返済　　+40円×30枚 = +120,000円

　18835円　30枚返済　　+80円×30枚 = +240,000円

　18795円　20枚返済　　+120円×20枚 = +240,000円

　18755円　10枚返済　　+160円×10枚 = +160,000円

　18715円　5枚返済　　　+200円×5枚 = +100,000円

　18810円　5枚返済　　　+105円×5枚 = +52,500円

　合計損益　−100,000 + +912,500円 = +812,500円

【明日のシナリオ】…アヤ戻しからの売り場探しも

4月4日の引け後の日中チャートの状況です。
それぞれのトレンド判断を見ていきます。

1. ピーク・ボトムによるトレンド判断
（図153）ピーク・ボトム合成図

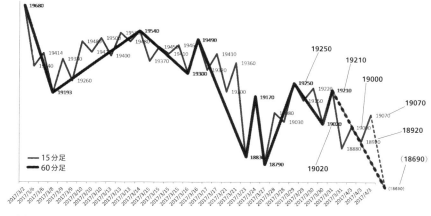

60分足

　高値　19250 − 19210　/　安値　19020 − 18690（未確定）

高値切り下げ、安値切り下げの下降トレンド。
15分足
　高値　19000 − 19070　／　安値　18920 − 18690（未確定）
　高値切り上げ、安値切り下げのトレンドレスですが、2つ前の安値も割り込んでいるので実質下降トレンド。

2．株価と移動平均線との関係によるトレンド判断
（図154）60分足チャート

（図155）15分足チャート

60分足は株価が移動平均線の下にあるので下降トレンド。

15分足も株価が移動平均線の下にあるので下降トレンド。

これらを元に総合的にトレンドを判断してみましょう。

60分足のトレンド判断

ピーク・ボトムによるトレンド判断は下降トレンド。

移動平均線との関係によるトレンド判断は下降トレンド。

15分足のトレンド判断

ピーク・ボトムによるトレンド判断は下降トレンド。

移動平均線との関係によるトレンド判断は下降トレンド。

すべてのトレンド判断が下降トレンドで揃いました。

相場の原理原則は次のようなものです。

●上昇トレンドでは買いしかしない。

●下降トレンドでは売りしかしない。

●トレンドレスでは何もしない。

今のトレンドはすべてが下降トレンドです。この動きであれば売りのみを考えていけば良いことになります。

日足チャートも見てみましょう。

(図156) 日足チャート

先週金曜の安値を下にブレイクしました。そして、直近安値である18790円も割り込み、3月29日の高値19250円が今回の短期上昇波動のピークであることが確定しました。これにより、短期上昇波動から短期下落波動に転換しました。

　高値の推移は19540－19250と切り下げ、安値の推移は18790－18690（未確定）と切り下げ。高値切り下げ安値切り下げの下降トレンドということになります。つまり、現在の動きは下降トレンドにおける下落波動ということになります。日足を含めてすべての時間軸が下を向いている状態です。明日は大きなギャップアップにならない限り、売りのみを考えていけば良さそうですね。

　これらを踏まえて明日4月5日のシナリオを作成してみましょう。

●今日の引け値からギャップアップでの寄り付きになった場合

　15分足直近高値である19070円を上回るような大きなギャップアップにならない限り売りを考えていきます。19070円を超えない限り、15分足は下降トレンドのままであり、上昇は単なる戻しと考えることができます。しっかりと抵抗帯で売りたいですね。上には多くの抵抗帯がありますので、上げ止まったところからの下落は売りのチャンスになります。

●今日の引け値と同価格帯での寄り付きになった場合

　すべての時間軸が下降トレンドですから売りのみを考えていきます。今日の引け時点の動きは18690円までの下落に対する5分足の調整になっています。そしてその調整は25本移動平均線と75本移動平均線の間までになっています。この移動平均線の間からの下落を売るという方針になります。5分足の調整として対応するこということです。5分足の調整の定義は次のようになります。

定義1（5分軸の調整）

1）5分足の75本移動平均まで上がって安値更新する

2）5分足のオシレーターが買われすぎになって、陰転し下落、安値更新する

　このどちらかであれば、5分軸の調整と言えます。もちろん、このことは安値更新してから確定することなので調整中は、5分軸の調整とみなして対応することになります。

※移動平均は75本と書いていますが、上下幅を持たせて考えてください。少し超えたり届かなかったりしてもだいたいで判断すればOKです。(以下同様)

定義2(5分軸の調整ではない)
1)5分足の移動平均を大きく上回った
2)5分足の75本移動平均まで上がったが、下落しない
3)5分足の75本移動平均まで上がった後、下落したが安値更新できない
4)5分足のオシレーターが買われすぎになっても下落しない
5)5分足のオシレーターが買われすぎの後、下落したが安値更新できない

　この動きになれば、5分軸の調整ではなく次の15分軸の調整であると判断します。多くなりましたが基本は簡単です。「5分軸の調整であるならば、必ず安値を更新しなければいけない。そうでないならば、5分足より長い時間軸の調整である」。5分軸以上の調整になれば、次は15分軸の調整です。つまり、調整になって75本移動平均線よりも下で短期上昇波動のピークらしくなった場面を売るということになります。

●今日の引け値からギャップダウンでの寄り付きになった場合
　5分足の調整終了からの下落となります。日足の下落波動も始まったばかりですが、下には18630円という支持線がありますので、ここは固い支持になる可能性があります。18630円を割り込むようなギャップダウンになれば一気に下に走る可能性がありますので、寄り付きからの下落に乗っていきます。18630円より上のギャップダウンであればアヤ戻しからの売り場探しとします。

※アヤ押しは、短い足でピーク・ボトムは出ません。
アヤ押しとは、上昇波動中に一時的に値を下げることです。
アヤ戻しとは、下落波動中に一時的に値を上げることです。
短い足よりさらに短い足では、ピーク・ボトムは確認できます。
　明日はこんな感じで見ていくことにします。

【FXのシナリオ】…デイ、スウィングともに調整を待って売り

ここからはFXのチャートを見てみましょう。

チャートソフトはメタトレーダー4（MT4）を使用しています。

チャートはドル円で、16時00分頃のものになります。

それぞれのトレンド判断を見ていきます。

1．ピーク・ボトムによるトレンド判断

（図157）ピーク・ボトム合成図

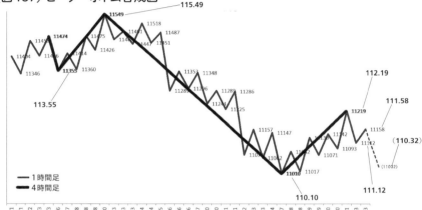

4時間足

　　高値　115.49－112.19　／　安値　113.55－110.10

　　高値切り下げ、安値切り下げの下降トレンド。

1時間足

　　高値　112.19－111.58　／　安値　111.12－110.32（未確定）

　　高値切り下げ、安値切り下げの下降トレンド。

2. 価格と移動平均線との関係によるトレンド判断

（図158）4時間足チャート

（図159）1時間足チャート

移動平均線は、75本移動平均線より上か下で判断します。

4時間足は価格が75本移動平均線よりも下にあるので下降トレンド。

1時間足も価格が75本移動平均線よりも下にあるので下降トレンド。

総合的に判断をしてみましょう。

4時間足のトレンド判断

　ピーク・ボトムによるトレンド判断は下降トレンド。価格と移動平均線との関係によるトレンド判断は下降トレンド。

1時間足のトレンド判断

　ピーク・ボトムによるトレンド判断は下降トレンド。価格と移動平均線との関係によるトレンド判断は下降トレンド。

　日足も見ておきましょう。

(図160) 日足チャート

　高値切り上げ安値切り下げのトレンドレスになっていますが2つ前の安値も割り込んでいるので実質下降トレンド。ここまで3連続陰線になっています。

　為替価格は移動平均線の下にあり、下有利で下降トレンド。日足も下有利になっています。すべての時間軸においてトレンド判断が下降トレンドで揃っています。

　昨日書いた110.93円も割り込みましたので、この動きであれば売りを考えていけますね。ここからは短い時間軸の調整を待って抵抗帯で売るという方針になります。デイトレをするのであれば15分足の調整を待って調整終了からの下落を売るということになります。スウィングでも1時間足の調整からの下落を売るという方針になります。

Trade Training Day 13

13日目（2017年4月5日）

【本日のコラム】…「勝つこと、お金を失わないこと」が目的に
　　　　　　　　なっていないか

【本日の売買】…ギャップアップも、15分足の調整として対応

【明日のシナリオ】…3波動調整からの下落で売りのチャンスか

【FXのシナリオ】…4時間足はそろそろボトムか

【本日のコラム】…「勝つこと、お金を失わないこと」が目的になっていないか

　トレードを始めて間もないころは、すべてのトレードにおいて勝ちたいという意識が強いものです。すべてのトレードを負けトレードのまま終わらせたくないという気持ちが強いのですね。これは多くの人が経験していると思います。もちろん私も経験しました。含み損になっていても最終的に勝ちトレードで終わらせたいと思うのです。その含み損がいくら大きくなったとしても。これは人間の心理によるものなのですね。この心理を知るためのゲームがあります。

　それは「ティックオークション」と言います。このゲームは、1万円札をオークションにかけるゲームです。参加者は2名。この1万円札を落札するには、ただ入札をするだけです。入札単位は100円です。そして最高額で入札をした人が、入札額を支払って、1万円を手に入れられます。ただし、負けた人は自分の最後の入札額を支払い、何も手に入れることはできません。

　では、ゲームを始めてみましょう。

　ティックオークションにAさんとBさんが参加しました。AさんはBさんよりも自分のほうが賢いと考えています。BさんもAさんより自分のほうが賢いと考えています。多くの人が他人よりも自分が賢いと考えるのです。このことは統計からも明らかになっています。

Aさん「私は100円で入札するよ」

Bさん「では私は200円にする」

Aさんは少しの間考えてから「500円で入札するよ」

Bさん「600円」

Aさん「700円」

Bさん「800円」

　ふたりは次々と入札額を上げていきます。

Aさん「1500円で入札するよ」

　Bさんに諦めさせるために入札額を一気に上げました。するとBさんは「5000

224

円」と叫びました。二人の目的は1万円を手に入れることではなく、相手を負かして自分が勝つことに変わっているようです。1万円を手に入れるためなら9900円を支払っても割安であり、得をします。どちらが9900円で落札できるのかということしか考えられなくなってしまっているようです。

入札は続き、Aさんが「9900円」と自信を持って言いました。Aさんはこれで自分が1万円を手に入れられると確信したのです。Aさんが、勝者の笑みを浮かべました。するとBさんが「いちまんえ～ん」と冗談交じりのような声で言ったのです。Aさんは絶句してしまいました。

「なんでだ。Bさんあなたは何を考えているんだ。1万円で入札したって1円も得にならないんだよ」。しかし、Bさんは勝ち誇ったように笑っています。だって、これで終われば自分が損することはないのですから。勝者として終わることができるのですから。

Aさんは、考えました。そして、「よーし、1万100円で入札するよ」と言いました。この言葉を聞いたBさんの顔は怒りに震えているようでした。そしてBさんはしばらく時間をおいてから言いました。「では、私は1万1千円で入札だ！」。勝者は最後の入札額を支払うことにより1万円が貰えるけど、敗者は最後の入札額を支払って何も貰えないのです。この入札額になるともうお互いに引くことができなくなるのです。

Aさんは、怒った口調で「1万5千円」と言いました。このゲームは手持ちのお金が多いほうが最後に勝つことになるでしょう。最終入札額は2万円になるかもしれませんし、5万円になるかもしれません。もしかしたら1万円を得るために10万円で入札するかもしれません。いくらでこのゲームが終わったとしても、わかっていることは最終的に二人とも損失を被るということです。入札額が上がっていくとゲームの目的は1万円を安く手に入れることから、お金を失わないことに変わってしまうのです。

このゲームはトレードとすごく似ていると思いませんか。トレードの目的はお金を稼ぐことです。お金を儲けることが目的です。トレード初心者は「お金を儲けること＝お金を失わないこと」「お金を儲けること＝トレードで勝つこと」と考えてしまいます。トレードの途中でどんなに含み損が大きくなっても

お金を失ってはいけない。最終的にお金を儲けるんだ。という気持ちが強くなってしまうのです。そして、最後は大きな含み損に耐えられなくなり、もう何もしたくなくなるほど落ち込むような大きな損切りをするのです。

ロスカット価格を決めずにトレードするというのは、最初から大きな損失になる可能性があるということです。しかし、勝つこと、お金を失わないことが目的なのでロスカット価格を決めずにトレードするのです。

ロスカット価格を決めずにトレードすること。最初に決めたロスカット価格をずらすこと。これらのことは、トレードにおいて、単にお金を追い求めているということになります。最終的に勝つことが目的である限り、途中にどんな代償を払ったとしても重要なことは敗者で終わらないということだけです。

ティックオークションでも同じことが起こりました。AさんとBさんは最初1万円を儲けようと考えて入札をしていましたが、途中からは負けないことだけを考えるようになってしまったのです。何ももらえないのにお金を払うほうにはなりたくない、どちらもがそう思ってしまったのです。

入札額が1万円を超えると、いくらでもいいからお金を取り戻せたらそれでいい、と考えるようになるのです。こうなったら行き先は地獄です。トレードにおいて含み損を取り戻そうと考えることはこのティックオークションと同じなのです。トレードでお金を儲けるためには、トレードで勝つことが大切なのではありません。小さな損失を受け入れることが大切なのです。「お金を儲けること＝小さな損失を受け入れること」なのですね。

このことが理解できると昨日の日々メールに書いてあるリスクリワードレシオの考え方がスーッと頭の中に入ってくるのではないでしょうか。最後に注意があります。このゲーム、面白そうだと思っても、絶対に自分のパートナーとはやらないでくださいね。結果はどうなるかわかりますよね。(笑)

【本日の売買】…ギャップアップも、15分足の調整として対応

それでは、4月5日の日経225先物の動きを見ていきましょう。
4月4日の日中引け時点のチャートです。

(図161) 60分足チャート

(図162) 15分足チャート

（図163）ピーク・ボトム合成図

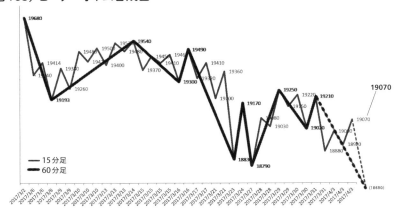

昨日のシナリオでは次のように書いていました。
---------抜粋ここから--
●今日の引け値からギャップアップでの寄り付きになった場合
　15分足直近高値である19070円を上回るような大きなギャップアップにならない限り売りを考えていきます。19070円を超えない限り、15分足は下降トレンドのままであり、上昇は単なる戻しと考えることができます。しっかりと抵抗帯で売りたいですね。上には多くの抵抗帯がありますので、上げ止まったところからの下落は売りのチャンスになります。
●今日の引け値と同価格帯での寄り付きになった場合
　すべての時間軸が下降トレンドですから売りのみを考えていきます。今日の引け時点の動きは18690円までの下落に対する5分足の調整になっています。そしてその調整は25本移動平均線と75本移動平均線の間までになっています。この移動平均線の間からの下落を売るという方針になります。5分足の調整として対応するこということです。5分足の調整の定義は次のようになります。
定義1（5分軸の調整）
1）5分足の75本移動平均まで上がって安値更新する
2）5分足のオシレーターが買われすぎになって、陰転し下落、安値更新する

このどちらかであれば、5分軸の調整と言えます。もちろん、このことは安値更新してから確定することなので調整中は、5分軸の調整とみなして対応することになります。

※移動平均は75本と書いていますが、上下幅を持たせて考えてください。少し超えたり届かなかったりしてもだいたいで判断すればOKです。（以下同様）

定義2（5分軸の調整ではない）
1）5分足の移動平均を大きく上回った
2）5分足の75本移動平均まで上がったが、下落しない
3）5分足の75本移動平均まで上がった後、下落したが安値更新できない
4）5分足のオシレーターが買われすぎになっても下落しない
5）5分足のオシレーターが買われすぎの後、下落したが安値更新できない

　この動きになれば、5分軸の調整ではなく次の15分軸の調整であると判断します。多くなりましたが基本は簡単です。「5分軸の調整であるならば、必ず安値を更新しなければいけない。そうでないならば、5分足より長い時間軸の調整である」。5分軸以上の調整になれば、次は15分軸の調整です。つまり、調整になって75本移動平均線よりも下で短期上昇波動のピークらしくなった場面を売るということになります。

●今日の引け値からギャップダウンでの寄り付きになった場合
　5分足の調整終了からの下落となります。日足の下落波動も始まったばかりですが、下には18630円という支持線がありますので、ここは固い支持になる可能性があります。18630円を割り込むようなギャップダウンになれば一気に下に走る可能性がありますので、寄り付きからの下落に乗っていきます。18630円より上のギャップダウンであればアヤ戻しからの売り場探しとします。

※アヤ押しは、短い足でピーク・ボトムは出ません。
アヤ押しとは、上昇波動中に一時的に値を下げることです。
アヤ戻しとは、下落波動中に一時的に値を上げることです。
短い足よりさらに短い足では、ピーク・ボトムは確認できます。

---------抜粋ここまで--

この日の朝の私のブログでは次のように書いています。
http://tuiterusennin.blog109.fc2.com/blog-entry-8279.html
---------抜粋ここから--

60分足は下降トレンド、15分足はトレンドレスという動きですが、15分足は19070円からの下落で戻しらしい戻しのないままの下落になっていますので実質下降トレンドと言っても良いでしょう。そうなると両方の足が下を向いて揃っていることになり、売りのみを考えていけば良いチャートということになります。今日は寄り付きから売り場探しになりますね。

すべての時間軸が下を向いているので一番短い時間軸である5分足の調整から考えていくのですが、ギャップアップでの寄り付きになるでしょうから、寄り付きから5分足75本移動平均線の上に出てきそうです。そうなると5分足の調整は否定され15分足の調整に移行します。ということは、15分足の調整から考えていくことになります。まずは15分足の25本移動平均線と75本移動平均線の間からの下落を売るという方針で見ていくことにしましょうか。

---------抜粋ここまで--

(図164) 当日の売買譜チャート

18930円での寄り付きとなりました。ギャップアップでの寄り付きですが19070円を上回るような大きなギャップアップにはなりませんでした。15分足は下降トレンドのままなので15分足の調整として対応します。15分足の調整からの下落再開を売るという方針になりますね。そして売るのは抵抗帯で売るという方針になります。

18950円近辺は4月3日にもみ合っていた価格帯であり、昨日の高値でもあります。ここは抵抗帯として機能する価格帯です。18930円で寄り付いた後は18940円を見て18880円まで下落してきました。その後、戻して18940円を付けています。

この動き、昨日、一昨日と同じですね。寄り付き直後の高値まで戻してから下落というパターンです。抵抗帯からの下落、しかも高値を2回試してからの下落というわかりやすい動きです。18940円からの下落を18910円でmini100枚売り。ロスカットは18960円。ロスカットを寄り付き直後の高値18940円の1ティック上の18950円ではなく18960円にしたのは昨日の高値が18950円であり、この価格が強い抵抗になると考えたからです。

18880円で1回目の利食い30枚。残り70枚。18850円で2回目の利食い30枚。残り40枚。ラージでは18820円を付けましたがminiは18825円までで戻してきました。18865円で残り40枚のうちの半分20枚を利食い。残り20枚。18820円で10枚利食い。残り10枚。18790円で5枚利食い。残り5枚。残り5枚はトレイリングストップに変更。15分足直近3本の高値を超えたところで返済。残りの5枚は14時前に18820円で利食いして終了となりました。

【本日の結果】

18910円　mini100枚売り

18880円　30枚返済　＋30円×30枚＝＋90,000円

18850円　30枚返済　＋60円×30枚＝＋180,000円

18865円　20枚返済　＋45円×20枚＝＋135,000円

18820円　10枚返済　＋90円×10枚＝＋90,000円

18790円　5枚返済　　＋120円×5枚＝＋60,000円

18820円　5枚返済　　　+90円×5枚＝+45,000円

合計損益　+600,000円

【明日のシナリオ】…3波動調整からの下落で売りのチャンスか

4月5日の引け後の日中チャートの状況です。
それぞれのトレンド判断を見ていきます。

1．ピーク・ボトムによるトレンド判断

（図165）ピーク・ボトム合成図

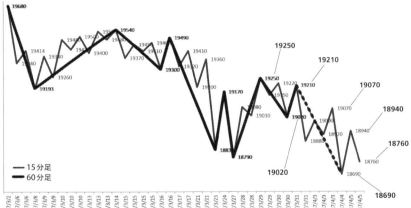

60分足
　　高値　19250 − 19210　/　安値　19020 − 18690（未確定）
　　高値切り下げ、安値切り下げの下降トレンド。
15分足
　　高値　19070 − 18940　/　安値　18690 − 18760
　　高値切り下げ、安値切り上げのトレンドレス。

2. 株価と移動平均線との関係によるトレンド判断

(図166) 60分足チャート

(図167) 15分足チャート

60分は株価が移動平均線の下にあるので下降トレンド。
15分も株価が移動平均線の下にあるので下降トレンド。
総合的にトレンドを判断してみましょう。

60分足のトレンド判断

ピーク・ボトムによるトレンド判断は下降トレンド。

移動平均線との関係によるトレンド判断は下降トレンド。

15分足のトレンド判断

ピーク・ボトムによるトレンド判断はトレンドレス。

移動平均線との関係によるトレンド判断は下降トレンド。

15分足のピーク・ボトムによるトレンド判断がトレンドレスになりました。

現在の動きは18690円までの下落に対する調整の動きであり、15分足では3波動目の調整になっています。

次のチャートをご覧ください。

（図168）

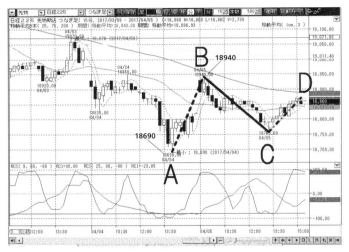

18690円からの3波動の説明です。18690円から18940円までA－Bが1波動目になります。B－Cが2波動目になります。そしてC－Dが3波動目です。下降トレンドにおける3波動の調整からの下落というのは大きな下落になることが多くあります。よって3波動目からの下落は売りのチャンスになるのです。

15分足75本移動平均線を上回らずに下落再開となれば3波動目は直近高値を上抜かずに切り下げが継続します。トレンドレスですが、下有利なトレンド

レスということになりますね。総合的に考えて下有利であり売りをメインに考えていけるチャートです。
　日足チャートも見てみましょう。

(図169) 日足チャート

　昨日の陰線にはらむ陰線で終了。陰の陰はらみという足型です。下げ渋っていると見ることもできるし、上昇するのを抑えられていると見ることもできる足型です。どちらにでも動ける形ですが、安値圏での動きになっているので下のほうが有利ですね。
　12月以降の下落波動は10日に達せず上昇転換することが多くなっています。今日で下落波動は5日が経過しましたので、後、2～3日安値圏でもみ合ってから上昇開始となるのであればスウィングでの買いを仕掛けても面白そうです。デイトレは基本売りを考えていくことにします。
　これらを踏まえて明日4月6日のシナリオを作成してみましょう。

●今日の引け値からギャップアップでの寄り付きになった場合
　19000円近辺は多くの抵抗線があります。15分足2つ前の高値19070円よりも下での寄り付きであれば3波動の調整からの下落となりますので売りを考えて

いくことができます。しっかりと抵抗帯からの下落を売りたいですね。19070円を超えるようなギャップアップになった場合は15分足が完全に上を向くことになり15分足と60分足が逆を向きますのでトレードがやりづらくなります。その場合は様子見とします。買いを考えるのは60分足の2つ前の高値19250円を超えてきてからでいいでしょう。

●今日の引け値と同価格帯での寄り付きになった場合

　総合的に下有利であり売りを考えていくことになります。抵抗帯での売りを考えていきます。ポイントになる価格は3月31日の18880円、4月3日の18920円、4月5日の高値18940円といったところでしょうか。これらの価格近くからの下落を売りたいですね。

●今日の引け値からギャップダウンでの寄り付きになった場合

　18760円よりも下での寄り付きになれば15分足も下降トレンドに戻り、すべての分足が下降トレンドで揃いますので下への動きが加速する可能性があります。下への動きが加速するということは、寄り付きから上昇しないということです。寄り付きから上がらないことを確認して売れば大きな利益になる可能性があります。

　18760円よりも上の寄り付きであっても下有利ですので売り場探しとなります。寄り付きからの戻しが弱いことを見てから抵抗帯で売りたいですね。ただし、18800円近辺は過去にもみ合っている価格帯ですから、明日ももみ合いになるかもしれませんので売った後はしっかりと玉操作をしていきます。

　明日はこんな感じで見ていくことにします。

【FXのシナリオ】…4時間足はそろそろボトムか

ここからはFXのチャートを見てみましょう。
それぞれのトレンド判断を見ていきます。

1．ピーク・ボトムによるトレンド判断
（図170）ピーク・ボトム合成図

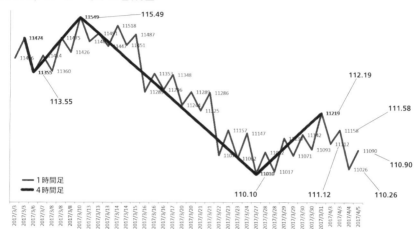

4時間足
　　高値　115.49－112.19　／　安値　113.55－110.10
　　高値切り下げ、安値切り下げの下降トレンド。
1時間足
　　高値　111.58－110.90　／　安値　111.12－110.26
　　高値切り下げ、安値切り下げの下降トレンド。

2. 価格と移動平均線との関係によるトレンド判断

（図171）4時間足チャート

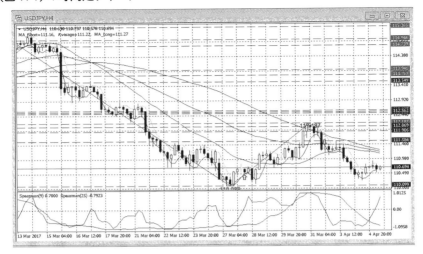

（図172）1時間足チャート

4時間足は価格が75本移動平均線よりも下にあるので下降トレンド。
1時間足も価格が75本移動平均線よりも下にあるので下降トレンド。

総合的に判断をしてみましょう。

4時間足のトレンド判断

　ピーク・ボトムによるトレンド判断は下降トレンド。価格と移動平均線との関係によるトレンド判断は下降トレンド。

1時間足のトレンド判断

　ピーク・ボトムによるトレンド判断は下降トレンド。価格と移動平均線との関係によるトレンド判断は下降トレンド。

　日足も見ておきましょう。

（図173）日足チャート

　日足は4連続陰線になっています。為替価格は移動平均線の下にあり、下降トレンド。日足も下有利になっていますが安値もみ合いという動きです。110.90円が1時間足のピークとして確定しましたので1時間足は下降トレンド継続となりました。スウィングでは売りの場面ですね。

　ここでドル円4時間足の統計値を見てみましょう。

　現在は下降トレンドの下落波動です。統計結果は次ページのようになっています。

（図174）

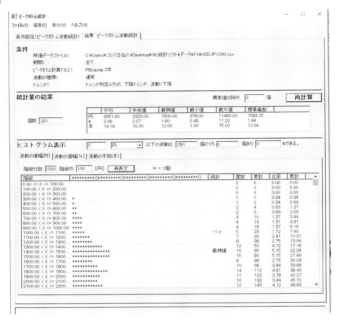

　下落幅は、平均2.65円、中央値2.22円。

　下落本数は、平均19.19本、中央値16本。

　ここまでの下落波動の下落幅は1.93円。下落本数は19本になっています。スウィングでは売りの場面ですが、4時間足はそろそろボトムになってもおかしくない数値が出てきていますので売った後は分割の利食い幅を少し小さめにしたほうが良さそうですね。

　ドル円の場合、私は分割利食いの幅は通常30pips、60pips、90pipsとしています。少し小さめにするということは、25pips、50pips、75pipsや20pips、40pips、60pipsにするということです。

Trade Training Day 14

14日目（2017年4月6日）

【本日のコラム】…自分でコントロールできるものとできないものを知る

【本日の売買】…利食い後、調整から追加売り

【明日のシナリオ】…セリングクライマックスも想定

【FXのシナリオ】…4時間足ボトム確定で、トレンドレスへ

【本日のコラム】…自分でコントロールできるものとできないものを知る

　相場で利益を得るためには、相場の動く方向を当てることだと考える人が多くいます。俗に「相場を当てる」と言います。では、私たちに相場を当てることはできるのでしょうか。私は無理だと思っています。相場の行く方向なんて、私たちにわかるはずがないのです。それを知っているのは相場の神様だけです。相場を当てようとしても儲からないのです。相場では、自分でコントロールできることと、コントロールできないものがあります。

●コントロールできないのは相場の動きです。
●コントロールできるのは、自分の建玉です。

　建玉をコントロールすることを「建玉操作」と言います。相場で利益を上げる方法は、相場を当てることではなく、相場の流れの方向に沿った建玉操作を繰り返していくということに尽きるのです。
　建玉操作の他にも自分でコントロールできるものがあります。それは、自分の資金です。自分の資金をコントロールすることを「資金管理」と呼びます。相場において、私たちトレーダーがコントロールできるのは、「建玉操作」と「資金管理」だけなのですね。

●自分でコントロールできないもの…………相場の価格変動
●自分でコントロールできるもの……………建玉操作、資金管理

　このことをしっかりと頭の中に入れておいてくださいね。先ほども書きましたが、相場に参加する人の多くは、自分でコントロールできない株価の動きを一生懸命にコントロールしようとします。コントロールしようとするという意味は、相場の動きを予測しようとするということです。
　日経平均が上がるか下がるかなんて円高になるか円安になるかなんて誰にも

わからないのに、上がる条件探しに躍起になります。売りたいときは、下がる条件探しに躍起になります。逆に自分でコントロールできるものを放置し、コントロールしようとしないのです。コントロールできる建玉に関しては放置し、運任せにするトレーダーが多いのです。このような相場の自然な動きに逆らうようなトレードをしていては負けるのも当然です。

　では、どうすれば「退場行きの道」から「勝者の道」に乗り換えることができるのでしょうか。一番にやらなければならないことは、あきらめることです。自分でコントロールできない相場の動きはどんなことをしても予測できないと「きっぱりとあきらめる（悟る）」のです。その代わりに、株価の「歴史認識」と「現状認識」については可能な限り正確に行うことです。

　歴史認識とは、過去の株価の動きを調べ、どのような時にどのような動きになることが多いのかを調べるということです。つまり、検証をするということです。バーチャルトレードをするということです。

　現状認識とは、今現在の株価（チャート）の状態がどのようになっているのかを調べるということです。本書に載っているトレンド判断や移動平均線と株価の関係をしっかりと把握するということです。この、歴史認識と現状認識を元に、どのようにリスクを限定し、自分がその株価の変動に対してどのようなエントリーするのか、手仕舞いするのか、利益を伸ばすのかを考えることです。そして、考えたことを実行するのです。

　リスクを限定しながら、利益を伸ばせるだけ伸ばしてリスクリターン率を上げることを意識して建玉操作をするのです。建玉操作の基本は、エントリーする前に仕掛けのポイントと損切りのポイントを必ず設定することです。仕掛けの方法については、他の書籍でも勉強をしています。

※参考　仕掛けの方法については『幸せなお金持ちになるための日経225先物必勝トレード術』79ページから90ページをご覧ください。

1. トレンドを確認する。
2. 調整を待つ。
3. トレンド方向に戻る時にエントリーする。

Trade Training Day 14 | 243

これらのことは、シナリオを作成し、シナリオの動きになったらエントリーするということと同じです。シナリオ通りの動きになれば、躊躇せずにエントリーすればいいのですね。エントリー後、自分の建玉方向とは逆の動きになれば事前に決めたロスカット価格でロスカットを実行すればいいのです。

　ロスカットするということは、自分の意思でリスクをコントロールしているということになります。リスクコントロールは誰にでもできるのです。

　一方、利益については相場の神様次第なので私たちにはコントロールすることはできません。仮に日経225先物ラージを今日の寄り付き16630円で買ったとします。9：30には16710円まで上昇しましたが、この上昇が16710円までになるということは誰にもわからないのですね。

　予め、17000円まで上昇するという予測をし、その通り17000円まで上昇する展開になれば利益は非常に大きくなります。しかし、私たちにはどこまで上昇するのかを知る術はないのです。だから、分割売買という建玉操作をするのです。エントリーから30円、60円、90円や30pips、60pips、90pipsという一定の価格で利食いをし、残った玉はトレイリングストップで引っ張れるだけ引っ張るのです。

　相場の世界で生き残っていくために、
●相場は予測しても勝てない。
●相場を当てようとしない。
●相場の流れに逆らってはいけない。
●コントロールできないものはコントロールしようとしない。
●コントロールできるものは確実にコントロールする。
　これを忘れないようにしてくださいね。

【本日の売買】…利食い後、調整から追加売り

　それでは、4月6日の日経225先物の動きを見ていきましょう。
　4月5日の日中引け時点のチャートです。

（図175）60分足チャート

（図176）15分足チャート

（図177）ピーク・ボトム合成図

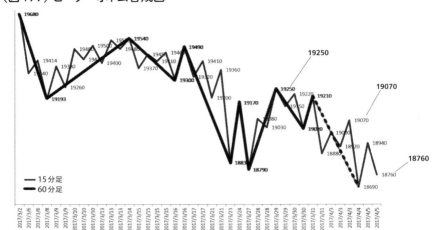

昨日のシナリオでは次のように書いていました。

--------- 抜粋ここから ---

●今日の引け値からギャップアップでの寄り付きになった場合

　19000円近辺は多くの抵抗線があります。15分足2つ前の高値19070円よりも下での寄り付きであれば3波動の調整からの下落となりますので売りを考えていくことができます。しっかりと抵抗帯からの下落を売りたいですね。

　19070円を超えるようなギャップアップになった場合は15分足が完全に上を向くことになり15分足と60分足が逆を向きますのでトレードがやりづらくなります。その場合は様子見とします。買いを考えるのは60分足の2つ前の高値19250円を超えてきてからでいいでしょう。

●今日の引け値と同価格帯での寄り付きになった場合

　総合的に下有利であり売りを考えていくことになります。抵抗帯での売りを考えていきます。ポイントになる価格は3月31日の18880円、4月3日の18920円、4月5日の高値18940円といったところでしょうか。これらの価格近くからの下落を売りたいですね。

●今日の引け値からギャップダウンでの寄り付きになった場合

　18760円よりも下での寄り付きになれば15分足も下降トレンドに戻り、すべ

ての分足が下降トレンドで揃いますので下への動きが加速する可能性があります。下への動きが加速するということは、寄り付きから上昇しないということです。寄り付きから上がらないことを確認して売れば大きな利益になる可能性があります。

　18760円よりも上の寄り付きであっても下有利ですので売り場探しとなります。寄り付きからの戻しが弱いことを見てから抵抗帯で売りたいですね。ただし、18800円近辺は過去にももみ合っている価格帯ですから、明日ももみ合いになるかもしれませんので売った後はしっかりと玉操作をしていきます。

\--------- 抜粋ここまで --

　この日の朝の私のブログでは次のように書いています。

http://tuiterusennin.blog109.fc2.com/blog-entry-8283.html

\--------- 抜粋ここから --

　60分足は下降トレンド、15分足はトレンドレスという動きです。15分足は株価が75本移動平均線の下にあり、直近高値も超えてきていませんので下有利なトレンドレスという動きです。総合的に考えて下有利であり、売りをメインに考えていけるチャートですね。

　今日の寄り付きは少しギャップダウンとなり18800円近辺になってきそうです。この18800円近辺というのは昨日も一昨日ももみ合っている価格帯ですから注意が必要ですね。寄り付きからの戻しが弱ければ売ってみたいですね。ただし、売った後はしっかりと玉操作をして利益を確保していきたいですね。売った後、変な動きになるようでしたら、玉を軽くするなどの対応をしていくことになります。

\--------- 抜粋ここまで --

（図178）当日の売買譜チャート

　18770円での寄り付きになりました。ギャップダウンでの寄り付きです。ポイントである18760円よりも10円上での寄り付きです。18760円は支持線になりますので、18760円を割り込むのを待ってからの売り場探しが良さそうですね。18760円を割り込むと15分足は下降トレンドに戻ります。

　寄り付き後は18790円を見てから下がり始め18760円を割り込み18740円を付けた後18790円まで戻してから下落再開になりました。一度18760円を割り込んだので売り場探しとなります。18800円近辺は昨日おとといともみ合っていた価格帯であり、抵抗になってきます。ここを上に抜けなければ売れる動きになるということです。

　寄り付き直後に一度18790円を付け、18740円まで下落した後もう一度18790円まで上昇しましたが上にブレイクすることなく下落してきたので、18790円からの下落を18750円でmini100枚売り。ロスカットは18800円。

　2回高値を試しても上にブレイクできなかったということは上への動きを否定したということです。上への動きを否定したのであれば当然下への動きが加速することになります。よって、2回高値を試した後の下落を売るという選択になるのですね。

　18750円で売りエントリー後は18720円で1回目の利食い30枚。残り70枚。

18690円で2回目の利食い30枚。残り40枚。18660円で3回目の利食い20枚。残り20枚。ラージで18630円を付けましたがminiは18635円までで戻しに入りました。戻しに勢いがあったので18700円で10枚を利食い。残り10枚。

10：40のブログでは次のように書いています。

http://tuiterusennin.blog109.fc2.com/blog-entry-8284.html

---------抜粋ここから--

18770円での寄り付きとなり、昨日もみ合っていた18800円近辺が抵抗になり下落。安値は18630円まで。しっかりと抵抗からの下落になりました。このまま下を見ていけるチャートです。

---------抜粋ここまで--

18630円まで下落した後は18730円まで戻し、再下落し18650円まで下げ、もう一度上を試しに行きました。18650円からの上昇は18710円までで止められました。18710円は5分足では25本移動平均線に当たります。5分足では18630円からは15本が経過、戻しの値幅は100円となっています。統計値から見るとそろそろ戻しが終了しても良いころです。

18710円からの下落を18675円で追加売り50枚。ロスカットは18740円。18645円で15枚を利食い。残り10枚＋35枚。18615円で10枚＋15枚を利食い。残り0枚＋20枚。18585円で10枚を利食い。残り10枚。ここからは少し時間が掛かりましたがすでに3回の利食いをしているので余裕で見ていることができます。

18545円で5枚を利食い。残り5枚。残り5枚はトレイリングストップに変更。15分足直近3本の高値を超えたらストップ。14時にラージで15分足直近3本の高値18590円を上抜き18600円が付きました。18600円が付いてすぐに下に動いたので残り5枚は18580円で利食いして終了となりました。最後はちょっとお得に返済することができました。＼(^O^)／

【本日の結果】

1回目

18750円　mini100枚売り

18720円　30枚返済　+30円×30枚 = +90,000円

18690円　30枚返済　+60円×30枚 = +180,000円

18660円　20枚返済　+90円×20枚 = +180,000円

18700円　10枚返済　+50円×10枚 = +50,000円

18615円　10枚返済　+135円×10枚 = +135,000円

2回目

18675円　mini50枚売り

18645円　15枚返済　+30円×15枚 = +45,000円

18615円　15枚返済　+60円×15枚 = +90,000円

18585円　10枚返済　+90円×10枚 = +90,000円

18545円　5枚返済　　+130円×5枚 = +65,000円

18580円　5枚返済　　+95円×5枚 = +47,500円

合計損益

+635,000円+337,500円 = +972,500円

250

【明日のシナリオ】…セリングクライマックスも想定

4月6日の引け後の日中チャートの状況です。
それぞれのトレンド判断を見ていきます。

1．ピーク・ボトムによるトレンド判断
（図179）ピーク・ボトム合成図

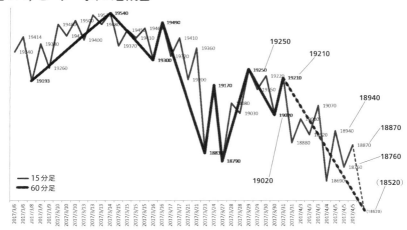

60分足
　高値　19250 − 19210　／　安値　19020 − 18520（未確定）
　高値切り下げ、安値切り下げの下降トレンド。
15分足
　高値　18940 − 18870　／　安値　18760 − 18520（未確定）
　高値切り下げ、安値切り下げの下降トレンド。

2. 株価と移動平均線との関係によるトレンド判断
（図180）60分足チャート

（図181）15分足チャート

　60分足は株価が移動平均線よりも下にあるので下降トレンド。
　15分足も株価が移動平均線よりも下にあるので下降トレンド。

総合的にトレンドを判断してみましょう。

60分足のトレンド判断

ピーク・ボトムによるトレンド判断は下降トレンド。

移動平均線との関係によるトレンド判断は下降トレンド。

15分足のトレンド判断

ピーク・ボトムによるトレンド判断は下降トレンド。

移動平均線との関係によるトレンド判断は下降トレンド。

すべてのトレンド判断が下降トレンドで揃いました。総合的に考えて下有利であり売りをメインに考えていけるチャートです。

日足チャートも見てみましょう。

(図182) 日足チャート

ボックス圏の下限18630円を割り込み18520円までの安値を付けています。これで長くもみ合っていた価格帯を下に抜けたことになります。中期的には下有利となりますね。

ここから上昇転換したとしても25日移動平均線及び75日移動平均線が強い抵抗になることが考えられます。ボトムらしさが多くなればスウィングの買いを考えますが、次は抵抗での売りを考えることになりますので買った場合でも分割の利食い幅は通常よりも狭くしたほうがいいでしょう。

　ボックス圏の下限を割ったことにより、明日以降買い戻しが入らなければ投げ売りが出る可能性があります。ここからの投げ売りはセリングクライマックスになってきそうですね。上昇しないで下落が続く場合の下値は200日移動平均線まで見ておきましょうか。

　これらを踏まえて明日のシナリオを作成してみましょう。

●今日の引け値からギャップアップでの寄り付きになった場合

　すべてのトレンド判断が下降トレンドで揃っていますので売りのみを考えていけばいいでしょう。買いを考えるのは60分足の75本移動平均線を上回ってからでいいでしょう。しっかりと抵抗帯で売ります。

●今日の引け値と同価格帯での寄り付きになった場合

　18520円までの下落からの調整となっていますので調整終了からの下落を売ります。抵抗帯での売りを考えていきます。抵抗になる価格は18630円、4月4日の安値18690円、4月5日の安値18760円、5日の引け間際の高値18870円、5日の高値18940円といったところでしょうか。

●今日の引け値からギャップダウンでの寄り付きになった場合

　投げ売りが出るかもしれません。下への動きに付いていきたいですね。

　寄り付きから上がらないことを確認しての売り。

　明日は単純に売りのみを考えていけばいいでしょう。

　明日はこんな感じで見ていくことにします。

【FXのシナリオ】…4時間足ボトム確定で、トレンドレスへ

ここからはFXのチャートを見てみましょう。
チャートソフトはメタトレーダー4（MT4）を使用しています。
チャートはドル円で、16時00分頃のものになります。
それぞれのトレンド判断を見ていきます。

1. ピーク・ボトムによるトレンド判断
（図183）ピーク・ボトム合成図

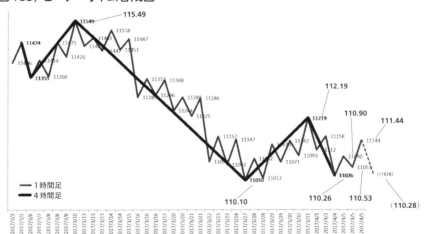

4時間足
　高値　115.49 － 112.19　/　安値　110.10 － 110.26
　高値切り下げ、安値切り上げのトレンドレス。
1時間足
　高値　110.90 － 111.44　/　安値　110.53 － 110.28（未確定）
　高値切り上げ、安値切り下げのトレンドレス。

2. 価格と移動平均線との関係によるトレンド判断

(図184) 4時間足チャート

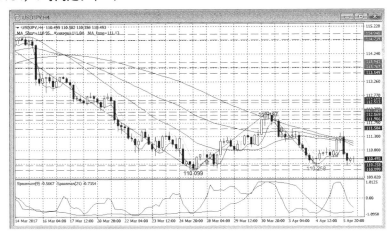

(図185) 1時間足チャート

4時間足は価格が75本移動平均線よりも下にあるので下降トレンド。
1時間足も価格が75本移動平均線よりも下にあるので下降トレンド。

総合的に判断をしてみましょう。

4時間足のトレンド判断

ピーク・ボトムによるトレンド判断はトレンドレス。株価と移動平均線との関係によるトレンド判断は下降トレンド。

1時間足のトレンド判断

ピーク・ボトムによるトレンド判断はトレンドレス。株価と移動平均線との関係によるトレンド判断は下降トレンド。

日足も見ておきましょう。

(図186) 日足チャート

足は5連続陰線になりましたが大きく下げてはいません。下有利なのですが下げきれずにもみ合いという動きです。

昨日4時間足の統計について触れましたが、統計通りにボトムが確定しました。これで4時間足は下降トレンドからトレンドレスに転換したことになります。1時間足もトレンドレスですので、両方の足がトレンドレスということになります。

相場の原理原則は次の通りです。

●上昇トレンドでは買いしかしない。
●下降トレンドでは売りしかしない。

●トレンドレスではなにもしない。

　今はトレンドレスということになりますので様子見ということになります。112.19 − 110.10のどちらかをブレイクするまで待ちましょうか。

Trade Training Day 15

15日目（2017年4月7日）

【本日のコラム】…利益を得るために必要なもの

【本日の売買】…抵抗帯、統計値を活用して3度売りエントリー

【明日のシナリオ】…下ヒゲの長い足型も、下有利か

【FXのシナリオ】…下有利なトレンドレスも、しっかりブレイクを待つ

【相場塾会員さんからの質問】

--------- 質問ここから ---
　直伝の書にエントリーのタイミングとして「直近の高値安値から30円動くと調整完了とみなし、20円でエントリーする」となっていますが、30円動いたらなかなか20円に戻らないことが多いです。そのまま30円でエントリーではいけないのでしょうか。アンチも上回った（下回った）時に、その前の足の高値（安値）でのエントリーになりますが、上回った（下回った）価格でのエントリーではいけないのでしょうか。30円動いて20円という10円の差はラージで考えているからでしょうか。
--------- 質問ここまで ---

2015年12月入塾の会員さんです。

次の図をご覧ください。

（図187）買いエントリーの流れとタイミング

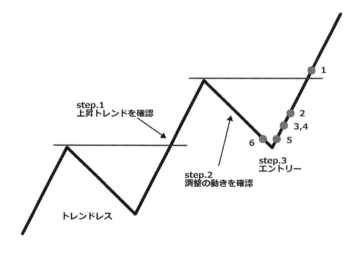

（図188）売りエントリーの流れとタイミング

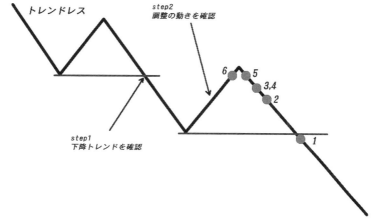

　エントリーの方法には次の6つの方法がありました。
買いの場合
1. 直近の高値を突破する（ブレイクエントリー）
2. メインの足のブレイクを待つ（15分足をメインで見ているならその足のブレイク）
3. 短い足のブレイクを待つ（メインよりも短い時間軸のブレイク）
4. 30円動いて20円の指値（安値から30円上昇した後、その10円下で指値）
5. 20円動いて10円の指値（安値から20円上昇した後、その10円下で指値）
6. 指値で待っておく（下げているところを指値で待つ）
　この中で基本としてお伝えしているのは2番と3番ですね。
　それぞれの特徴は、
1. 直近の高値を突破する（ブレイクエントリー）
　直近の高値のブレイクを持ってトレンド方向に動き出したと判断するということです。直伝之書に書きましたが、ここまで待つと遅いということでしたね。
　ブレイクのエントリーはロスカットが遠くなります。なので、初心者は損失を受け入れてロスカットができずに損失が更に大きくなったり、ナンピンになったりと、どんどん深みにはまってしまうのですね。

2. メインの足のブレイクを待つ（15分足をメインで見ているならその足のブレイク）足の高値ブレイクをエントリー条件にする方法です。足のブレイクをトレンド再開の合図にすることによって、早くエントリーしようとする方法です。足のブレイクをするだけの動きを確認してからになるので、心理的にもエントリーしやすく調整完了と思ったらまだ調整だったというだましの確率が減ります。

3. 短い足のブレイクを待つ（メインよりも短い時間軸のブレイク）

　3は、2よりも短い足のブレイクを利用する方法です。2より早くエントリーできることになるので、2よりもロスカットが小さくできます。こちらもブレイクを合図にするので心理的にエントリーしやすいです。ただしだましにあう確率は、2よりも高くなります。

4. 30円動いて20円の指値（安値から30円上昇した後、その10円下で指値）

　4は、ブレイクではなく、価格の動きだけでトレンド再開の合図にする方法です。たとえば11000円まで調整して11030円が付いた時に、11020円で指値をするということです。したがって、安値から20円上で買うことになります。

　ロスカットは、11000円が安値でなかったときになるので、10990円がロスカットになり30円がロスカット幅ですね。これの利点は、ロスカットになっても小さな損失で済むということです。ただし、安値と判断する精度が低いとだましが多くなります。

5. 20円動いて10円の指値（安値から20円上昇した後、その10円下で指値）

　5は、4よりもさらに10円安く買う方法です。上級者用です。5のエントリーになると、20円の反発だけでエントリーになるのでどちらかというと逆張りの部類になります。大きいトレンドは、順張りですが、エントリーが逆張りということですね。ただしこの後の6番と違い、20円の確認があるので一気に売られる場合は見送りになりますし、板の状況、その時の場味などを加味することがでます。最小限の確認はできるということですね。

6. 指値で待っておく（下げているところを指値で待つ）

　こちらも上級者用です。6は完全に逆張りですね。ただし大きいトレンドには順張りですよ。うまくいけば底で買うことができます。早めに指値を入れて

おけば、約定の順番も有利になりますね。ただし、指値が届かないと約定しませんし、一気に下がると買ってすぐにロスカットになる危険性があります。

さらに、ロスカットの設定をきっちりしておく必要があります。上級者用と書くと、まだ私には早いと思うかもしれませんがいつも同じエントリー方法を使う必要はありません。例えば、強い支持線があり、確率高くその支持線で反発することが予想されるとするならばいかがでしょうか。ブレイクまで待つよりも少しの反発でエントリーしたほうがいいと思いませんか。

私たちは分割売買という武器があるので仮にエントリーした後に、あまり上昇できなくても1回目の利食いができるとトントンで逃げることができます。また値動きが少ない時に、2の足のブレイクでエントリーとなるとそこから利食いできるだけ動くという可能性が低くなります。そういう場合は、4のエントリーでも十分トレンド方向に動き出したと判断することが可能でしょう。

そして、1の直近高値のブレイクエントリーというのも状況により武器になります。これらを使い分けることによって、柔軟な対応ができるようになります。少しずつ習得していきましょう。

今回の質問は4.のエントリーですね。30円動いて10円下の20円でエントリーです。このエントリー方法はボラが低い時は約定しやすくなります。しかし、ボラが高い時というのは、30円動いてもそのまま動き続けることが多くなります。ボラが低い時には、指値で待ち、ボラが高い時は成り行きでエントリーするなどの工夫が必要になります。必ず20円に戻るのを待たなければいけないということはありませんし、30円成り行きでエントリーしなければならないということでもありません。これらのことは経験を積んで体に覚えさせていただくしかないのです。

そのためにも、しっかりと練習をしてくださいね。

※ここでの例はラージを元に書いています。

---------- 質問ここから---

4月5日のトレードについて、考え方に良くない点がありましたら、ご指導のほど宜しくお願いします。5分足1本目、5本目の高値が18940円で、抵抗に

なりそうな18950円まで10円のところ。前日安値18690円から15分足で7本の戻し。1つ前の戻しも7本なので、これで調整は終わるか？　と思っていましたが、ちょっと他のことに気をとられていて、ここでは売れず。下げてきて、前日終値から反発しかけたが、上げられず下落再開か？　と思い、売り仕掛け。結果的には下げましたが、60分足のボトムも確定してきて最初のポイントで逃しているため、無理目なところで売ってしまったんでは？　と思いまして。おかげさまで、利益になるトレードが少し続いていて多少強気になっているような気もしておりますので、ご指導のほど宜しくお願いします。

--------- 質問ここまで --

2015年2月入塾の会員さんです。

最初のシナリオは前日安値18690円から15分足で7本の戻し。

1つ前の戻しも7本なので、これで調整は終わるか？　ということですから、寄り付き1本目から売りを考えていたということですね。しかし、他のことをしていて売りのチャンスを逃してしまったということです。ここでの売りチャンスは逃したがチャートを見ているともう一度売れそうな感じになったので、売ってみた。こういうことでしょう。

最初、見逃した場面はしっかりとシナリオが立てられていたのだと思います。しかし、文面を見ると実際にエントリーした場面はシナリオを立てていたのではなく、チャンスらしく見えたので売ったということだと思います。

相場塾の手法はシナリオ売買です。前もってシナリオを作成し、そのシナリオの動きになったらエントリーをします。シナリオの動き以外は何もしないということです。ご自身でも書いているように「無理目なところで売ってしまったんでは？」と感じているということは、シナリオに沿った売買ではないということになります。たまたま利益になったトレードであり、正しい売買とは言えないようです。トレードには次のような種類があります。

○正しい売買
○間違った売買
○利益になる売買
○損失になる売買

これらを組み合わせると、

○正しくて利益になる売買

○正しくて損失になる売買

○間違っていて利益になる売買

○間違っていて損失になる売買

　この4つの中でわたしたちが行っていくトレードは

●正しくて利益になる売買

●正しくて損失になる売買

　この2つだけです。間違っていて利益になる売買をしていると正しくて損失になる売買を納得することができなくなります。ぜひ、シナリオに沿った売買だけを行うようにしてくださいね。

【本日のコラム】…利益を得るために必要なもの

　昨日はコントロールできるものとコントロールできないものについて書きました。コントロールできないものは相場の動きでした。コントロールはできないけれど、対応することは可能なのですね。私たちの手法は順張りです。私たちの行うトレードは、「状況判断」「シナリオ作成」「建玉操作」「資金管理」この4つに分けることができます。「状況判断」では次のような項目を調べます。

1. トレンド判断

　上昇トレンドなのか、下降トレンドなのか、トレンドレスなのかを調べる。

2. 移動平均線

　移動平均線は下向きなのか上向きなのか。

　移動平均線と株価の位置関係。

　複数の移動平均線の順番。

3. 支持線・抵抗線

　支持線・抵抗線はどの価格帯になるのか。

　強い支持線・抵抗線はどこにあるのか。

4. 調整

現在はトレンド方向への動きなのか、調整の動きなのか。

調整であるならば、何段調整になっているのか。

5. トレンドライン

トレンドラインを引き、株価がトレンドラインに対してどの位置にあるのかを確認する。

6. 短期波動

各時間軸の波動は現在、上昇波動なのか、下落波動なのかを確認する。

7. ローソク足の本数

現在の波動において、何本が経過しているのか。

統計データから見て、あとどのくらい波動が継続する可能性があるのか。

8. パターン認識

ピークらしい足型やボトムらしい足型が出ているか。

9. オシレーター

オシレーターが買われすぎなのか売られすぎなのか。

上昇トレンドにおける売られすぎに注目

下降トレンドにおける買われすぎに注目

状況判断では上記のような項目について調べます。

この状況判断を元にシナリオを作成します。

★シナリオ作成例

現在の動きは上昇トレンドにおける調整（押し目）であるから、調整終了後には上の動きに戻り高値を更新しなければならない。

調整終了の可能性が高くなったら買う。

上の動きに戻るのが当たり前なのに上の動きに戻らなければ調整から下落転換の可能性が高くなるので買いは見送る。

下落転換となれば長い時間軸も下落転換になるので買いは考えられなくなり、逆に売りを考えていくことになる。

強い支持線を割り込んで下落転換となると、更に下の動きに繋がってくるのが普通。下落転換後の短い時間の調整からの下落を売る。短い時間の調整にな

らずに価格が上に戻ってきたらおかしな動きなので見送る。

　このようなシナリオを作成します。シナリオを作成することができれば、後はシナリオの動きになればエントリーするだけです。そして、建玉操作をすればいいのですね。ここまでの流れを図にすると次のようになります。

（図189）

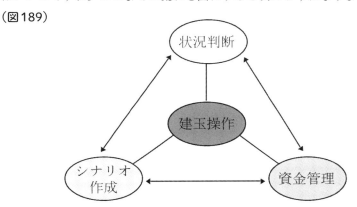

　中心には建玉操作があります。相場で儲けるには建玉操作だけとも言われています。一番重要なものが建玉操作なのです。

　建玉操作が技術の核になる部分です。上には「状況判断」、左下には「シナリオ作成」、右下には「資金管理」があり、各々は建玉操作と分子構造のようにつながっています。更に、「状況判断」「シナリオ作成」「資金管理」も足でつながっていて四位一体になっているのです。相場塾の直伝メールや日々メールではこの図の内容について詳しく勉強することができます。ここに書いた部分はトレードにおける技術です。しかし、トレードは技術を身につけただけでは利益を得ることはできません。他にも必要なものがあるのです。

　それは、心と感情のコントロールであり、高いモチベーションです。心と感情のコントロールについては、どのような方法を取ればいいのかということについて我々講師の体験談をお伝えすることはできます。しかし、実際にコントロールをするのは会員であるみなさんです。また、高いモチベーションを持ち続けるということも自分自身で行わなければなりません。先ほどの4つの技術と、心と感情のコントロール、高いモチベーションを図で表すと次のようになります。

（図190）

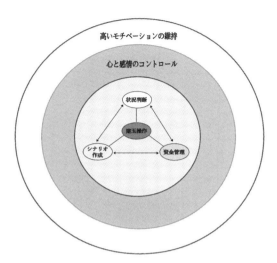

　四位一体になっている技術を包み込むように心と感情のコントロールがあります。そして、「心と感情のコントロール」をも包み込むように「高いモチベーションの維持」があるのです。

　この図を見ると「建玉操作」は太陽のようで、回りには地球や火星などの惑星が存在しています。そして、図全体を見ると、まるで宇宙のようですね。私たちの生活も相場も同じような仕組みになっているのかもしれません。

　相場塾では、この図のすべてをお伝えしたいと思っています。しかし、すべてを伝えることはできないのです。相場に限らず、どんなことでも、難しいことを上手く行うためのノウハウには言葉で伝えることができない部分があります。そして、その言葉で伝えられない部分が一番重要で決定的な役割を果たしている場合が多いのです。

　例えば、自転車の乗り方や、泳ぎ方を言葉だけで教えても自転車に乗れるようにはなりません。泳げるようにはなりません。これと同じような部分が相場にもあるのです。もちろん、言葉で知識を伝えることは可能です。しかし、実行できるようになるまでには長い時間と経験が必要なのです。

　失敗と成功を繰り返し、数多くの実戦を通して経験したことを元に知識を知恵にかえていく必要があります。私たち講師は、この言葉で伝えられない部分

をできるだけ言葉で明らかにしてトレード体系の中に入れようと試行錯誤しています。

　相場技術がある程度高くなってくると一番難しいのは、「心と感情のコントロール」であると痛感するはずです。それだけ重要であるにもかかわらず、うまくみなさんにお伝えすることができないのが「心と感情のコントロール」なのです。これに関しては何度も何度もバーチャルトレードを繰り返し、その後実戦を行い知識と知恵の裏付けによって直感的に理解をして得るものだと思います。

　私たちは、これからも、少しでも多くのことを言葉と文字で伝えたいと思っています。この日々メールも相場塾開始当初と比べると雲泥の差があります。日々メールも日々進化していると自負しています。みなさんも、何度も直伝メールや日々メールを繰り返し読んで、日々精進してくださいね。

【本日の売買】…抵抗帯、統計値を活用して3度売りエントリー

　それでは、4月7日の日経225先物の動きを見ていきましょう。
　4月6日の日中引け時点のチャートです。

（図191）60分足チャート

(図192) 15分足チャート

(図193) ピーク・ボトム合成図

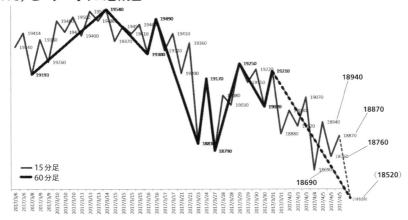

昨日のシナリオでは次のように書いていました。

---------抜粋ここから--
●今日の引け値からギャップアップでの寄り付きになった場合
　すべてのトレンド判断が下降トレンドで揃っていますので売りのみを考えていけば良いでしょう。買いを考えるのは60分足の75本移動平均線を上回ってからで良いでしょう。しっかりと抵抗帯で売ります。

●今日の引け値と同価格帯での寄り付きになった場合

　18520円までの下落からの調整となっていますので調整終了からの下落を売ります。抵抗帯での売りを考えていきます。抵抗になる価格は18630円、4月4日の安値18690円、4月5日の安値18760円、5日の引け間際の高値18870円、5日の高値18940円といったところでしょうか。

●今日の引け値からギャップダウンでの寄り付きになった場合

　投げ売りが出るかもしれません。下への動きについていきたいですね。

　寄り付きから上がらないことを確認しての売り。

　明日は単純に売りのみを考えていけば良いでしょう。

---------抜粋ここまで---

　この日の朝の私のブログでは次のように書いています。

http://tuiterusennin.blog109.fc2.com/blog-entry-8288.html

---------抜粋ここから---

　両方の足が下降トレンドで揃っている状態で、株価は移動平均線の帯の下にある弱い動きです。この動きであれば売りのみを考えていけば良いことになりますね。今日の寄り付きはギャップアップになることが考えられます。ナイトセッションの引け値が18740円ですから、この価格近辺で寄り付くとしたら15分足直近安値と同価格帯になります。18760円、18790円は抵抗になるので、ここで止められて下落する場面を売るという方針からのスタートとしましょうか。

---------抜粋ここまで---

（図194）当日の売買譜チャート

18760円での寄り付きになりました。ギャップアップでの寄り付きですが、60分足の75本移動平均線を超えるまでは売りを考えていくというシナリオです。15分足直近高値は18870円ですから15分足の下降トレンドも継続となっています。しっかりと抵抗で売るという方針です。

朝のブログにも書きましたが18760円が抵抗になる価格なので、ここからの下落を売るという方針で見ていました。寄り付き価格がこの18760円となりすぐに下落したので18740円でmini50枚売り。ロスカットは18770円。エントリー枚数を通常の半分にした理由は、寄り付きすぐの売買というのは私の得意とする場面ではないのでリスクを抑えて半分にしたということです。

エントリー後は18710円で1回目の利食い15枚。残り35枚。18690円を付けた後はエントリー価格に戻ってきたので18735円で20枚を利食い。残り15枚。残り15枚は18770円でロスカット。

ロスカット後も下有利であり、上には抵抗がありますので一昨日と同じで売り場探しです。抵抗として考えていた18790円の10円下である18780円で上げ止まり下落再開となったので18750円でmini100枚売り。ロスカットは18800円。18790円を抵抗として考えていたのでロスカットはその10円上である18800円に設定しています。

18750円で売りエントリー後は18720円で1回目の利食い30枚。残り70枚。18690円で2回目の利食い30枚。残り40枚。18660円で3回目の利食い20枚。残り20枚。18630円で4回目の利食い10枚。残り10枚。18600円で5回目の利食い5枚。残り5枚。残り5枚はトレイリングストップに変更。15分足直近3本の高値を超えたら返済。お昼休み時間中に直近3本高値18600円を上回ったので18610円で5枚を利食いして終了。ここからは大きく戻してきて15分足75本移動平均線までの上昇になりました。

13:45のブログでは次のように書いています。

http://tuiterusennin.blog109.fc2.com/blog-entry-8290.html

---------抜粋ここから--

18500円からの戻しは18730円まで230円の戻しになっています。この価格は15分足75本移動平均線に当たります。この動きが15分足の調整であるなら

ば、ここで止まって下落再開となってきます。これ以上戻すと調整ではなく上昇転換になってきますね。ここからの下落は売れる動きです。下がり始めを売るということになります。下がらずに上昇してくるのであれば様子見です。

---------抜粋ここまで---

　戻しの値幅も本数も統計値からそろそろという数値になっていましたので18730円からの下落を18700円でmini100枚売り。ロスカットは18740円。18670円で1回目の利食い30枚。残り70枚。18660円を付けた後は戻してきてエントリー価格になったので18700円で30枚を返済。残り40枚。18720円を見た後はもう一度下落してきましたが先程の安値と同値の18660円までしか下がらず戻してきたのでエントリー価格と同値の18700円で残り40枚を返済して終了。その後のトレードはありません。

【本日の結果】

1回目

　　18740円　　mini50枚売り

　　18710円　　15枚返済　　＋30円×15枚＝＋45,000円

　　18735円　　20枚返済　　＋5円×20枚＝＋10,000円

　　18770円　　15枚返済　　－30円×15枚＝－45,000円

　　合計損益　　＋10,000円

2回目

　　18750円　　mini100枚売り

　　18720円　　30枚返済　　＋30円×30枚＝＋90,000円

　　18690円　　30枚返済　　＋60円×30枚＝＋180,000円

　　18660円　　20枚返済　　＋90円×20枚＝＋180,000円

　　18630円　　10枚返済　　＋120円×10枚＝＋120,000円

　　18600円　　5枚返済　　＋150円×5枚＝＋75,000円

　　18610円　　5枚返済　　＋140円×5枚＝＋70,000円

　　合計損益　　＋715,000円

3回目

18700円　mini100枚売り
18670円　30枚返済　＋30円×30枚＝＋90,000円
18700円　30枚返済　＋－0円×30枚＝＋－0円
18700円　40枚返済　＋－0円×40枚＝＋－0円
計損益　＋90,000円
総合計損益　＋10,000円＋715,000円＋90,000円＝815,000円

【明日のシナリオ】…下ヒゲの長い足型も、下有利か

4月7日の引け後の日中チャートの状況です。
それぞれのトレンド判断を見ていきます。

1．ピーク・ボトムによるトレンド判断

（図195）ピーク・ボトム合成図

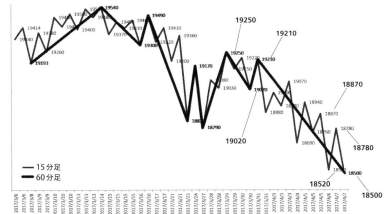

60分足
　　高値　19250－19210　/　安値　19020－18500
　　高値切り下げ、安値切り下げの下降トレンド。
15分足
　　高値　18870－18780　/　安値　18520－18500
　　高値切り下げ、安値切り下げの下降トレンド。

2. 株価と移動平均線との関係によるトレンド判断

(図196) 60分足チャート

(図197) 15分足チャート

移動平均線は、75本移動平均線より上か下で判断します。

60分足は株価が75本移動平均線よりも下にあるので下降トレンド。

15分足は株価と75本移動平均線が同価格帯なのでトレンドレス。

総合的にトレンドを判断してみましょう。

60分足のトレンド判断

ピーク・ボトムによるトレンド判断は下降トレンド。

移動平均線との関係によるトレンド判断は下降トレンド。

15分足のトレンド判断

ピーク・ボトムによるトレンド判断は下降トレンド。

移動平均線との関係によるトレンド判断はトレンドレス。

総合的に考えて下有利であり売りをメインに考えていけるチャートですが、15分足を見ると安値の切り下げが20円だけになっています。そして18500円からはほぼ全値戻しとなり株価も75本移動平均線まで戻っています。

19210円から18500円までの60分足の短期下落波動の中に15分足の波動が11波動となっています。通常は60分足1波動の中に3波動から5波動となることが多いです。また、多くても7波動から9波動なのですが、今回は11波動になっています。通常よりも多い波動数になっています。それだけ弱い動きだったということになります。総合的に考えて下有利であり売りをメインに考えていけます。

日足チャートも見てみましょう。

(図198) 日足チャート

昨日ボックス圏の下限18630円を割り込み18520円までの安値を付け、今日は18500円までの安値がありました。ギャップアップからの下落で安値更新という弱い動きでした。その後は戻して引けたので、下ヒゲの長い足型になりましたが、まだボトムと決めることはできません。スウィングの買いももう少ししてからですね。最低でも今日の高値を上回ってからにしましょうか。

【FXのシナリオ】…下有利なトレンドレスも、しっかりブレイクを待つ

　ここからはFXのチャートを見てみましょう。
　チャートはドル円で、16時00分頃のものになります。
　それぞれのトレンド判断を見ていきます。

1．ピーク・ボトムによるトレンド判断
（図199）ピーク・ボトム合成図

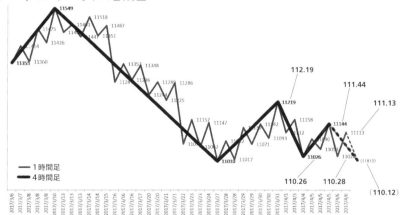

4時間足
　　高値　112.19 － 111.44　/　安値　110.26 － 110.12（未確定）
　　高値切り下げ、安値切り下げの下降トレンド。

1時間足
　　高値　111.44 － 111.13　/　安値　110.28 － 110.12（未確定）
　　高値切り下げ、安値切り下げの下降トレンド。

2. 価格と移動平均線との関係によるトレンド判断

（図200）4時間足チャート

（図201）1時間足チャート

　4時間足は価格が75本移動平均線よりも下にあるので下降トレンド。
　1時間足も価格が75本移動平均線よりも下にあるので下降トレンド。

総合的に判断をしてみましょう。

4時間足のトレンド判断

　ピーク・ボトムによるトレンド判断は下降トレンド。価格と移動平均線との関係によるトレンド判断は下降トレンド。

1時間足のトレンド判断

　ピーク・ボトムによるトレンド判断は下降トレンド。価格と移動平均線との関係によるトレンド判断は下降トレンド。

　日足も見ておきましょう。

（図202）日足チャート

　1時間足4時間足ともに安値を切り下げ下降トレンドに戻りました。しかし、切り下げ幅が12pipsと小さなものになっています。110.10円を割り込むまでは下になったと判断するのは危険です。下有利なトレンドレスということになりますので様子見継続としましょうか。112.19 － 110.10のどちらかをブレイクするまで待ちます。

　FXはエントリーチャンスがなかなか来ませんね。

　自分のシナリオにあった動きにならない限り、エントリーする必要はないのですね。

　1775年代に相場道の真理を究めたと言われた牛田権三郎慈雲斎の米相場の

秘伝書「三猿金泉録」のなかに「待つは仁」という言葉があります。「高きをば、せかず急がず待つが仁、向かうは勇、利乗せは知の徳」

やはり・仁（待つ）・勇（向かう）・知（利乗せ）

「売買を、せかず急がず待つが仁、徳の来るまで待つのも仁」。はやる気持ちを抑え、時期到来のチャンスを待つということでしょう。「休むとは、ただの休みと思うなよ、次の仕掛けの元となるなり」。売りと買いのどちらしかないと思うのは誤りで、休むことも大切な要素であるということですね。

損得に関係なく、ひとつの売買が終わったら一歩退いて市場の環境や相場の動向をゆっくり眺め回す余裕を持つぐらいでちょうどいいという意味でしょう。私たち張り子には「見（けん）」の自由があります。張らずに見ているばかりでも証券会社から嫌味を言われたりしないのですね。

「わからないときにはエントリーしない」「エントリーしなくても損にはならない」。私も昔は常にエントリーしていました。ポジポジ病というやつです。動いていたら動いていたで、「売買しなければ儲けそこなう」という感覚がありました。株価が動いていないときには、「動いていなかったのだから今から動き出すのではないだろうか」という自分勝手な考えで張っていたのです。

損切りができない理由に、「金銭的な損失を負ってでも自分が間違っていたことを認めたくないから」というのがあります。常にエントリーし続けるというのは、これと同じですね。「エントリーしないと臆病だと思われるのではないか」。誰もそんなことは思わないのですが、自分に対して「エントリーし続ける変な度胸」がないことを認めるのがイヤなのです。そして、エントリーせずにいた時、たまたま思っていた方向に動いた時にはそれをひどく悔やむようになり、次からは常にエントリーし続けるようになってしまいます。これはみなさんだけのことではありません。私もそうでしたからとてもよくわかるのです。

登山家の「野口　建さん」は次のように言っています。

「八合目まで登っていても天候の悪化を感じて下山する」。「このほうが闇雲に登山を続けて遭難するよりも一段高い勇気が必要です」。

このような「やらない勇気」ということも考えてみてください。ほとんどの

人は、待つこと（休む）ができないのではないでしょうか？　デイトレードでもチャンスをじっと待つ。スウィングトレードでもじっと待つ。相場で安定的に利益を上げている人はすべて「売るべし・買うべし・休むべし」をきっちり実行している人です。

　ソロスがモルガン・スタンレーの友人パイロン・ウィーンに次のように言っています。

　「君の問題は、毎日仕事に行って何かをしなければいけないと思っていることだよ。私は、そうじゃない。私は仕事に行って意味があるときしか仕事をしない。意味があるときには徹底的に働くんだ。でも君は、毎日何かをやっているので特別な日があってもそれに気づかないんだ。」

　バークシャー・ハサウェイ社の株主へむけてバフェットは、

　「株式については、何ヶ月も大した投資をしていません。いつまで待ち続けるかというと、いつまでも待ちます。時間制限などありません。（中略）なにか納得のいくものが見つかったなら、とても素早くとても大きく動きます。何かやったことで給料がもらえるわけではありません。正しかったときにだけ報酬をもらえるのです。

　　チャンスが来るまでじっくり待ちましょう。相場は逃げませんから。エントリーチャンスのない銘柄や通貨ペアは何もせずに見ているだけにし、エントリーチャンスが来る銘柄や通貨ペアをトレードすればいいのです。

　日経225先物にしてもFXにしてもNYダウCFDにしても、私たちが売買するものはチャートを元に売買します。

　この本に載っている手法はすべての商品に対応することが可能です。

　たくさんのチャートを見て下さいね。

終わりに

　パンドラの箱の最後に残った相場の希望という光を見つけることができたでしょうか。相場で安定的に利益を上げることができるようになるには時間がかかります。本書を1回読んだだけで儲かるようになるでしょうか。答えはたぶん「ノー」でしょう。

　今まで本気で勉強をしてこなかったのに本を1回読んだだけで生活していけるだけの利益を上げられるようになるなんて有り得ません。この世界はそんなに甘いものではないのです。

　この世界と書きましたがどの世界でも一緒ではないでしょうか？　自分がなんらかの商売をするためにお店を持ったとします。なんの勉強もせずにいきなりお店を持って、たった6ヶ月で生活できるようになりますか？　すぐに潰れてしまいますよね。

　商売をしようと思ったらまずはその商売について勉強をします。どこかのお店で働き、多くのことを経験し学んでいくのではないでしょうか。その期間は6ヶ月やそこらではないはずです。「石の上にも三年」と言いますが、最低でも3年は学ぶのではないでしょうか。

　3年間本気で勉強をしてようやく自分の店を構えます。中には定年してから店を開く人もいます。自分の夢が叶った瞬間です。しかし、そのうちの80％のお店は3年以内になくなります。残りの20％のお店のうち半分以上のお店は5年以内になくなります。

　3年間も本気で勉強をして一生懸命貯めたお金で始めたお店なのに5年以内にほとんどのお店がなくなってしまうのです。残るのは借金です。これが現実なのです。しっかりと勉強をしてきたつもりでも店を始めた途端に勉強をやめ

てしまうのです。これからがスタートなのにゴールだと勘違いしてしまうのです。そして忙しさを理由に勉強をしなくなります。

　自分で事業をしていても1年の間に本を1冊も読まない事業主がたくさんいます。同業のお店を見に行かない事業主がたくさんいます。それで店がうまくいき、利益を出そうだなんて考えることがとんでもないことです。本を読んでいいと思ったことがあればすぐに実行するのです。他店を見に行っていいと思った部分があれば真似をすればいいのです。学生時代はカンニングをすると叱られましたが、社会にでたらカンニングはやり放題です。いい部分は真似ればいいのです。

　トレーダーの世界も同じだと思います。6ヶ月やそこら勉強をして相場だけで生活できるようになるはずがないのです。私たち相場塾の講師だって専業トレーダーとして自立できるようになるまでには長い年月がかかっています。6ヶ月で専業になったわけではありません。そして今でも相場の勉強を続けています。

　ひとりが良い本があると言えば3人でその本を読んで勉強をします。新たに覚えた知識を3人で共有します。常に勉強し続けているのです。

　良いアイデアがあればそれを形にします。本書で紹介している波動の統計ソフトも多くのアイデアの中から生まれたのです。現在は3人共に専業トレーダーとして生活ができるようになっていますので、その知識を本やブログまたは相場塾で伝えることによって多くのトレーダーのみなさんが長い年月をかけなくても生活できるようになっていただきたいと本気で思っているのです。それでも6ヶ月で生活できるようになるのは難しいでしょう。

　私がお伝えしていることは相場の基本です。相場の原理原則です。この基本を勉強するためには楽しく勉強することが大切です。楽しいことは自ら進んでやりたくなります。そうすると技術が上がりさらに楽しくなります。さらに楽しくなるともっともっと勉強したくなります。そうして基礎訓練を終えるのです。

　6ヶ月程度本気で勉強をすると以前の自分とは違う自分がいることに気づきます。チャートの見え方が変わっているはずです。値動きの方向性がなんとな

くでもわかるようになってきているはずです。これはすごい進歩なのです。す ごい成長をしているのです。もうすでに大きな損失を出すようなトレードをす ることもなくなっているはずです。6ヶ月真剣に勉強をすれば退場するような トレーダーではなくなっているはずです。

　伝説のチェスプレーヤーである「ボビー・フィッシャー」は次のように言っ ています。「最初のレッスンはチェスの定石本に載っているすべての定石を覚 えることだ。次のレッスンはそれをもう一度やってみることだね」。基本を覚 えるということはとても重要なことです。基本を楽しく学んでいけばその先に 待っているものは楽しい勉強であり、すばらしい結果です。焦る必要はありま せん。しっかりと基本を身につけてください。

　この本は相場塾会員さん向けのメールを元に書かせていただきました。すべ てを読んでも、何が書いてあるのかさっぱりわからないと思われた方もいらっ しゃるでしょう。何となく雰囲気はわかるという方もいらっしゃるでしょう。 わかる部分もあれば理解できない部分もあるという方もいらっしゃるでしょう。 相場塾会員さんでも、この内容がしっかりとわかるようになるには3ヶ月から 半年かかっています。

　最初は何が書いてあるかわからなくてもいいのです。何回も繰り返し読んで いくうちに、少しずつですが繋がる部分が出てきます。繋がる部分が出てくる と次々と理解できるようになっていきます。初めて読むよりも2回目に読んだ ほうが楽しくなるはずです。2回目よりも3回目のほうが楽しくなるはずです。 7回も読むと多くのことが理解できるようになります。そして必ずあなたの技 術は向上しているはずです。

　真剣に勉強をして技術が上がったと思っても実際に大切なお金を使って売買 をすることは控えてください。まずはバーチャルトレードから始めてください。 そしてバーチャルトレードで利益が上げられるようになったら、最低枚数での トレードをするのです。

　バーチャルトレードをするのは動いているチャートで行うのが一番です。し かし、実際に動いているチャートで行うと時間がかかります。チャートの動き スピードが倍速になれば2倍のチャートを見ることができます。10倍速で動け

ば10倍のチャートを見ることが可能です。私の主催している相場塾ではバーチャルトレード用ソフトを用意しています。このソフトは最高120倍速でチャートを動かすことのできる画期的なソフトです。相場塾会員さんは無料でお使いいただけます。また、本書に出てくる統計データを調べるための「統計ソフト」も無料でご利用いただけます。

今回はこの本を読んでいただいた方の特典としてバーチャルトレード用ソフト「ドリームチャート」を無料で3ヶ月お使いいただけるようにいたします。

また、統計ソフトによる15分足の統計データ2017年前期分（1月～6月）も無料でダウンロードしていただけます。ドリームチャートは有料で一般の方にもお使いいただくことは可能ですが、統計ソフトは相場塾会員さんのみご利用いただけるソフトなので今回は統計データのみの配布となります。15分足だけでも統計データがあることにより、有利なトレードが行えるようになりますのでこの機会にぜひお試しください。

私たちの運営している株式会社DREAM-CATCHERでは株式投資の楽しさを知っていただき株式投資で生計を立てていただけるようになっていただくために相場塾を開講しています。今回の著書にも前回同様、相場塾のノウハウを提供させていただいています。本書でも私たち3人のノウハウを惜しみなく公開させていただきました。ご興味のある方は、株式投資DREAM-CATCHERのホームページをご覧ください。

本書をご購入いただいた方へのプレゼント「ドリームチャート」無料利用及び統計データダウンロードも下記サイトよりお申込みいただけます。

また、書籍の図はモノクロのため見づらい部分があると思います。特典をお申込みいただいた方には書籍に載っているすべての図をフルカラーでダウンロードしていただけるようになっています。

ぜひお申込みください。

http://nk225.info/

本書では【本日のコラム】としていろいろなお話を載せました。これらの話

は相場に役立つだけではなく、普段の生活にも役立つ話だと思っています。

　私はブログの中でも幸せに生きる方法を提案しています。お金があるだけでは幸せにはなれません。幸せなお金持ちという人生に興味のある方はぜひブログを訪れてみてください。

　ブログアドレスは下記になります。

http://tuiterusennin.blog109.fc2.com/

　GOOGLEやYAHOO等の検索エンジンで「ついてる仙人」と入力していただくと最初に私のブログが出てきます。

　この本を読んだすべての人が「幸せなお金持ち」になれることを願ってペンを置かせていただきます。

ついてる仙人（金子　稔）

著者略歴

ついてる仙人

個人投資家から絶大な支持を得る「相場塾」を主宰。ブログで日経225先物の売買記録を随時公表するとともに、今後の株価の動きの予測やその日の売買のタイミングなどを情報発信し、好評を得ている。テクニカル分析に定評がある。著書に『株・日経225先物　勝利のチャート方程式・増補改訂版』、『日経225先物　ストレスフリーデイトレ勝利の方程式・増補改訂版』『幸せなお金持ちになるための　株・日経225先物　儲ける「勝脳」の鍛え方』『幸せなお金持ちになるための　日経225先物　必勝トレード術』『FXストレスフリートレード術』『ついてる仙人が大切にするトレードルール99 plus 1』（アールズ出版）がある。

金子　稔

法政大学卒業後、大好きなバイクと過ごしたくてバイク屋に就職する。

28歳　独立し逆輸入車および中古車販売で業績を伸ばす。

38歳　難病の天疱瘡を患う

40歳　悪性リンパ腫を患い余命半年を告知される。

42歳　事業を譲りセミリタイア

44歳　スローライフを求め長野県に移住
　　　株式会社DREAM-CATCHERで相場塾を開講
　　　今に至る

株・日経225先物・FX……
すべての答えはチャートにある！

2017年12月7日　初版第1刷発行

著　　　者　　ついてる仙人

装　　　幀　　中山デザイン事務所

発 行 者　　森　弘毅

発 行 所　　株式会社 アールズ出版
　　　　　　東京都文京区小石川1-9-5　浅見ビル　〒112-0002
　　　　　　TEL 03-5805-1781　　　FAX 03-5805-1780
　　　　　　http://www.rs-shuppan.co.jp

印刷・製本　中央精版印刷株式会社

©Tsuiteru Sennin, 2017, Printed in Japan
ISBN978-4-86204-294-1　C0033

乱丁・落丁本は、ご面倒ですが小社営業部宛お送り下さい。送料小社負担にてお取替えいたします。